── 幽默是一种智慧，更是一种高情商 ──

谁会拒绝一个
幽默的人

文天行◎编著

增强幽默感，
让你具有无可抗拒的吸引力

中国华侨出版社

图书在版编目（CIP）数据

谁会拒绝一个幽默的人/文天行编著. — 北京：
中国华侨出版社，2017.12
ISBN 978-7-5113-7014-3

Ⅰ.①谁… Ⅱ.①文… Ⅲ.①口才学-通俗读物
Ⅳ.①H019-49

中国版本图书馆 CIP 数据核字（2017）第 296088 号

● 谁会拒绝一个幽默的人

| 编　　著 / 文天行
| 责任编辑 / 晓　棠
| 责任校对 / 志　刚
| 装帧设计 / 环球互动
| 经　　销 / 新华书店
| 开　　本 / 710 毫米×1000 毫米 1/16　印张 /15.5　字数 /198 千字
| 印　　刷 / 香河利华文化发展有限公司
| 版　　次 / 2018 年 2 月第 1 版　2018 年 2 月第 1 次印刷
| 书　　号 / ISBN 978-7-5113-7014-3
| 定　　价 / 35.00 元

中国华侨出版社　北京市朝阳区静安里 26 号通成达大厦 3 层　邮编：100028
法律顾问：陈鹰律师事务所　　　　编辑部：(010) 64443056　　64443979
发行部：(010) 64443051　　　　　传　真：(010) 64439708
网　址：www.oveaschin.com　　　E - mail：oveaschin@sina.com

前言

一位作家说,幽默是智慧的影子,它像光,无论多么黑暗都能照出一片光明;幽默是乐观的源泉,它像水,当心灵陷入困境的时候,一小滴就能令人豁然开朗;幽默能绽露一个人的底色,释放出魅力的影像。不可否认,幽默是一种高超的语言艺术,它是一种"空气调节清新剂",能减轻人的精神痛苦和压力,是人与人之间的"润滑剂",很多时候,一句幽默的话胜过千言万语,一个幽默大师胜过一千个伶牙俐齿者。所以,幽默的说话艺术是当下每个人所必备的一种语言表达技能。

法国著名作家埃斯卡皮说:"在我们这个极度紧张的社会,任何过于严肃的东西都将难以为继。唯有幽默才能使全世界松弛神经而不至于麻醉,给全世界以思想自由而又不至于疯狂,并且把命运交给人们自行把握,因而不至于被命运的重负压垮。"的确,在现代社会中,幽默实在是一种极为丰富的养料。

在社交场合,幽默不仅是每个人都应该掌握的技能,也是一门魅力无穷的艺术、一种打破常规的思维、一种轻松的人生态度。灰色的幽默能够表达人内心的苦恼和忧愁,而黑色的幽默视荒谬人生为痛苦的玩笑,病态的幽默揭露生活中的阴暗,蓝色的幽默更富有东方温和的诗意,玫瑰色的幽默沾染着西方美学的传统色彩。

幽默使人的生活变得轻松,使人的头脑变得冷静。高明的幽默实则是一种大智若愚、宽宏旷达的聪慧。借助幽默,可以达到讽刺、暗示、拒绝、安慰等各种目的。

生活中无法缺少幽默,人需要幽默就如鱼需要水,树木需要阳光一般。无论你是谈判交易,或者是茶余饭后的谈吐之间,幽默的人能让人刮目相看;无论你是谁,从事什么样的工作,都需要幽默与口才为你的人生增光添彩,为你提供源源不断的能量。

在人际交往中,每个人都希望能够成为大家所瞩目的焦点,受到更多人的欢迎,能够及时化解窘境,平添生活情趣,而幽默则是实现这一切的绝佳的捷径。幽默风趣的人,无论走到哪里,都能将笑声带到哪里。拥有幽默的口才,便拥有了一笔无价的财富,会让你受益终生。

《谁会拒绝一个幽默的人》以实用、通俗的语言,向读者传达了幽默的语言艺术对人们的工作、生活和感情的影响;同时,以贴近现实的事例向读者介绍了掌握和运用幽默艺术的方法,是一本不可多得的口才技能必备宝典。

古人云:开卷有益。希望通过阅读本书,能够教会你更多幽默的技巧,让你有所获益。从而让你的生活多姿多彩,让你的笑语感染周围的人,让生活充满愉悦的气氛。

目 录

第一章 幽默高手的内功修炼:有幽默感的人,必先懂生活

1. 幽默需要人生智慧的积淀 / 2
2. 要有幽默感,首先要有健康的心态 / 5
3. 换个角度看生活,生活处处有趣味 / 6
4. 让幽默提升你的人生境界 / 9
5. 幽默,生活中必不可少的一种美德 / 12
6. 逗人发笑是一种大学问 / 15
7. 幽默是一种文化积淀品 / 18
8. 用轻松的话语调节生活 / 20
9. 不能将"庸俗"与"幽默"画等号 / 23
10. 要把握好幽默的时机 / 25
11. 别将冷嘲热讽当成批评别人的武器 / 28
12. 把握好幽默的投放量 / 30

第二章 巧用精妙修辞,让幽默张口就来

1. 制造荒诞法,让人忍俊不禁 / 34
2. 随机应变,是幽默的至高境界 / 36

3. 不动声色的幽默更能打动人心 / 38

4. 直白隐衷的幽默,让人忍俊不禁 / 39

5. 故作玄虚的幽默,能出奇制胜 / 40

6. 一语双关的幽默:言在此而意在彼 / 42

7. 含而不露的幽默,巧妙制胜 / 44

8. 暗度陈仓的幽默,让交流妙趣横生 / 46

9. 运用绵里藏针的幽默,温和机智巧反击 / 49

10. 答非所问,谐语连珠的幽默技巧 / 52

第三章 幽默沟通法,是激活人际关系的磁场

1. 幽默是增强你个人魅力的神器 / 56

2. 来点幽默,赢得他人好感不再是难事 / 58

3. 活跃气氛:在客套的寒暄中加点笑料 / 60

4. 用幽默增强你的亲和力,拉近与陌生人间的距离 / 62

5. 主动制造笑料,以融洽彼此间的关系 / 64

6. 在笑声中,让人心服口服 / 67

7. 开个小玩笑,表达出你的友善 / 70

8. 既不伤面子又不伤和气的幽默拒绝法 / 72

9. 幽默出口前,要先看场合和对象 / 74

10. 尴尬的玩笑,最好别开 / 77

11. 妙用幽默,巧夸朋友 / 78

12. 用幽默为赞美加分:从细节出发更深入人心 / 81

第四章 关键时刻,妙用幽默来化解尴尬、制造快乐

1. 伸手不打笑脸人:巧用幽默化解怒气 / 86

2. 让幽默帮你实现大逆转 / 89

3. 妙用幽默,让你摆脱糗事的困扰 / 91

4. 巧用幽默化解与他人的冲突 / 94

5. 遇到棘手问题,巧用幽默来化解 / 98

6. 幽默是化解攻击的"乾坤大挪移" / 100

7. 巧用幽默为节目主持添彩 / 102

8. 发言时,不妨让幽默来助阵 / 104

9. 新闻发布会上展现幽默与机智 / 106

第五章　妙用幽默,融洽与同事、上司之间的关系

1. 办公室开心果的人缘最好 / 110

2. 宽容对待新同事的不当行为 / 112

3. 同事升职变领导,不能再谈笑无忌 / 114

4. 发生矛盾,幽默一下就能和好 / 116

5. 小心玩笑恶化成人身攻击 / 118

6. 对于好的变化,要大方赞美 / 121

7. 以幽默的口吻说服老板为你加薪 / 123

8. 能干会说懂幽默——让上司看到你的成绩 / 126

9. 幽默缓解被批评时的紧张气氛 / 129

10. 用幽默拉近与上司的距离 / 132

第六章　将幽默转化成力量:让成交不再是难事

1. 以幽默的语言创造友好的谈判氛围 / 136

2. 谈判开始前,别忘了幽默的寒暄 / 138

3. 巧用幽默语言回敬对方的无礼攻击 / 140

4. 语言幽默,讨价还价易成功 / 142

5. 运用荒唐式的幽默,拒绝对方的不合理要求 / 145

6. 用幽默培养忠实客户 / 148

7. 用幽默化解顾客的抵触心理 / 151

8. 让顾客产生参与感,进而激发其消费欲望 / 154

9. 做足准备工作:考察充分,借助幽默来说服 / 156

第七章　带着幽默去面试、演讲:为你的形象加分

1. 用幽默来调节面试气氛,为你的印象加分 / 162

2. 问及离职原因时,不妨一笑而过 / 165

3. 风趣幽默地妙答面试偏题 / 169

4. 幽默摆脱面试中遇到的尴尬 / 172

5. 妙用风趣语言，让演讲深入人心 / 174

6. 树立幽默的演说风格，增强你的个人魅力 / 176

7. 临场演讲，发挥你的幽默风格 / 179

8. 巧用幽默化解演讲中的尴尬 / 180

9. 匠心独运的开场白，让你在瞬间抓住听众的心 / 182

10. 结尾精且巧，演讲会令人回味无穷 / 185

第八章　在管理中施展你的幽默范儿，增强管理者的个人魅力

1. 在紧张的工作中加点笑料 / 188

2. 给语言涂点幽默色 / 190

3. 你有幽默应对突发事件的能力吗 / 193

4. 幽默管理，效果更好 / 196

5. 幽默的管理能降低跳槽率 / 198

6. 为批评包上一层欢乐 / 202

7. 用幽默去激励你的下属 / 204

8. 做平易近人的上级 / 206

第九章　用幽默制造愉快：让爱情甜蜜，家庭和谐幸福

1. 恰如其分的幽默求爱最能打动人 / 210

2. 助燃爱情之火的幽默情趣 / 213

3. 幽默地拒绝他人求爱，巧妙地化解尴尬 / 215

4. 幽默地吃醋，让你更可爱 / 217

5. 适当幽上一默，在笑声中消气 / 219

6. 妙用幽默来调和你的爱情生活 / 221

7. 用幽默来化解矛盾和修复裂痕 / 223

8. 幽默地与孩子互动，让孩子成为家庭的开心果 / 225

9. 幽默地道歉，更能博得谅解 / 227

第一章

幽默高手的内功修炼：
有幽默感的人，必先懂生活

　　一位哲人说过：幽默是我们最亲密的伙伴。我们的生活需要幽默，我们的人生需要幽默，一个健全的社会更不能没有幽默。没有了幽默，生活将会变得单调而缺乏色彩，岁月将会变得枯寂、干涸。幽默给予我们的是源源不断的甘泉，它滋养着我们的心灵，润饰着我们的生活。它使我们在黑暗中看到光明，在绝境中看到希望，它是寒冬里的一盆炉火，它是窘迫时的一个笑容……幽默美妙而又神奇。当然，人的幽默感，多源于其对生活的机智的感悟，是一种智慧的表现。

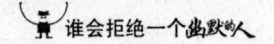

1. 幽默需要人生智慧的积淀

古时中外的宫廷或者官员府第,都会豢养一些能逗得主人一笑的能人异士。而在现代紧张的社会生活中,人们更需要找到能使精神得到松弛的方法,更需要有超脱的人生观,而幽默正好可以为我们带来这种渴望已久的超脱。

西方政治家很了解幽默语言的力量,所以经常使用幽默语言,给人一种平易、潇洒、善于冷静处理事务的印象,以此赢得选民的信任和拥护。

1910年,美国前总统罗斯福参加英国国王爱德华七世的葬礼,在葬礼后,罗斯福被安排与德国皇帝进行一次会晤。德皇为显示自己至高无上的地位,傲慢地对美国总统罗斯福说:"2点钟到我这里来,我只能给你45分钟时间。"罗斯福对他的傲慢很反感,但还是礼貌地回答说:"我2点钟会准时到达的,但很抱歉,陛下,我只能给你20分钟。"这样的言辞,不失礼地保持国家使者的尊严,更表现出他超然、洒脱的大国领袖风范,罗斯福机智、幽默的形象就此彰显毕至。

许多从事政治工作的人,特别是外交家,经常会遇到难以解答的问题,又不能不回答,他们就得用曲折含蓄的语言来化解困境。政治家比一般人更善于运用幽默技法,在不利的场合为自己解困。

德国生物学家隆涅,非常重视笑对人体的生理机能的作用,他以 92 岁的高龄接受荣誉奖章。在授奖仪式上，他致答词说："今天出席大会的许多人岁数已经不小了，对他们来说，重要的是怎样节省自己的精力。也许，你们不一定都知道，一个人皱一下眉头需要牵动 30 块肌肉，而笑一下只需要牵动 13 块肌肉，所以笑一下所消耗的能量要比皱眉头少得多。因此，亲爱的朋友们和同行们，请经常笑吧！"

会讲笑话的人，大多能把幽默的语言运用得十分自如、真实而自然。也就是说，即使是在他们开玩笑时，也不会让人感到耸人听闻或是哗众取宠，而只是让人看见他们身上的幽默魅力。

幽默既然是社会与文化发展自然形成的一种艺术，是出于智慧与文化修养而形成的巧妙语言方式，并暗藏超脱的人生观。其形式为群众所喜闻乐见，自然会进入文学艺术领域中，发挥出动人的魅力。

因为幽默中蕴含超脱的人生观，可以通过幽默治愈人类很多心理或生理上的疾病，所以一些医学家就是用笑作为一种医疗手段的。美国癌症病人发现笑话有利于治病，便组成了一个"恢复健康社团"，定期举行"逗乐会"。而美国著名心理学家查德博士，就在堪萨斯城北部开设了一座用笑治疗心理疾病的医院。医院里有很多幽默而诙谐的故事，以及令人捧腹的图书漫画。读来令所有病人喷饭，笑声不绝。用幽默疗法配合药物和手术治疗后，病人一个月左右病情会明显好转，有的人即可痊愈出院。

幽默还是人们作为生活调剂和取乐的一种手段。许多国家还有这种性质的节日。加拿大有个"笑节"，作为献给老人的礼物。节日期间，全国书店都提供大量幽默书刊供老人选购，喜剧明星到老人院义演节目，子女们都放下工作回到老年父母身边欢聚，电视播映令人发笑的节目。每年10月10日，日本高博城的居民都会庆祝"笑节"，期间有许多庆祝活动。

除了国家举办的节日，还有些民间组织，其宗旨是以幽默来丰富人们的生活，增强人的体质，陶冶人的心灵。比如英国伦敦有"幽默俱乐部"，德国有个"笑的俱乐部"，南斯拉夫有人创办了一个"幽默协会"。

还有，在保加利亚有个几万人口的小城加布罗沃，有"笑城"之称。其中有一座5层的"幽默艺术之宫"，收藏数以万计的幽默与讽刺性图书、面具、脸谱和雕塑品。每年举办"国际幽默与讽刺节"，展评各国幽默讽刺作品，还进行各种其他活动。

这些都充分说明，幽默这种超脱的人生观，是所有人都不能缺少的。这种幽默的运用，不仅能够培养自己开朗的心态，更多的时候，幽默还可以彰显超脱的智慧。

幽默是形成艺术魅力和文笔情趣的重要手段之一，是作家观察生活的一种特殊本领。中国的相声艺术就是由说笑话演变而来的，外国同样有类似相声的表演艺术。还有在喜剧表演里，也自然会运用幽默的语言。

作家秦牧说："幽默是一朵永不凋谢的智慧之花。"没错，幽默不同于滑稽，并不是每个人都可以信手拈来的。只有深刻地领悟人生智慧的人，才能洞悉幽默背后隐藏的智慧哲学。

2. 要有幽默感，首先要有健康的心态

幽默来自良好的心态和乐观的个性。幽默可以淡化人的消极情绪，消除沮丧与痛苦。一个具有幽默感的人在与人们的交往中更容易赢得大家的信任和喜爱。一个具有幽默感的人能从自己不顺心的境遇中发现某些"戏剧性因素"，从而使自己达到心理平衡。德国作家布拉尔说过："使人发笑的，是滑稽；使人想一想才发笑的，是幽默。"所以，要学会幽默，首先就应具备积极乐观的健康心态。

幽默可以提高人的免疫能力。有幽默感的人，就会有较高的主观幸福感与乐观人格。也只有生活积极的人才会比较幽默，所以幽默与积极心态是分不开的。

幽默的人大多同时具有一种温和的品质，他们不厚古，不薄今，当然更不自薄，待人多以平视之目光，不轻易对人生绝望。

一向给人以柔弱而文质彬彬印象的沈从文先生，在"文革"中被造反派罚扫女厕所。后来，沈从文对黄永玉先生说，这其实是造反派对他的信任，"他们知道我虽然政治上不可靠，但道德上可靠"。沈先生的文章作得好，他在磨难生活中的幽默所透露出来的乐观与从容，让人更为钦佩。当然，他的幽默与他积极乐观的健康心理是密切相连的。

此外，幽默可以帮助人们提高人际交往能力，获得更多的人际和谐。幽默感不仅使自己变得思维敏锐，笑颜常开，还会使他人变

得胸襟豁达，善于思索。

幽默或可温和或可善意或可闲适，也未必不能讽刺，未必不能尖锐，只要其中可见人生之智慧和生活之积极，能够让你在笑声里体会到生之力量，幽默一下又何妨？

幽默的人都是积极乐观的人，都是达观超脱的人，都是对生活充满信心，对自己绝对自信且宽容平和的人。一句话，幽默的人都是心理健康的人，心理不健康的人是无法幽默的。

德国哲学家康德活了80岁，他认为幽默对人的健康长寿大有裨益。他说："如果不会幽默和风趣，人就太苦了。"他的乐观情绪和幽默感一直保持到晚年。

生活中多一分幽默，就会多一分欢乐；人际关系中多一分幽默，就多一分亲切；凡是有幽默的地方，就会气氛和谐、情趣盎然、妙趣横生。

3. 换个角度看生活，生活处处有趣味

生活中，并不是每个人都有幽默感的，要想学会幽默，就需要从趣味角度看待世界，才能创造出幽默。

在人的一生中，或平平淡淡，或轰轰烈烈，有喜也会有悲。重要的是我们抱着怎样的心态去看待、面对。找一湖碧水，钓几条闲鱼，回忆人生得失，心游凡尘事外；喝壶老酒，交些朋友，笑看人生得失。不开心是一天，开心也是一天，那么就让我们开心些，学

会调节自己的心情！失意的时候给自己找些乐子，让平淡的生活充满趣味。

挫折和失败在人生道路上是常有的事，如果忍受挫折的心理能力得不到提高，焦虑和紧张就会常常困扰着我们的身心。假如从另一个角度认真地看一下，也许就会发现它们并不是一场磨难，所以有时候生活也需要用一双达观、具有趣味的慧眼去观看，而只有在达观的情况下才会有幽默，一个对世界万物都抱持反感、对任何事情都没有情趣的人，绝对不会有幽默感。

从前，有位老汉住在边塞地区，来来往往的过客都尊称他为"塞翁"。他生性达观，为人处世的态度非常乐观。

有一天，塞翁家的马不知什么原因，在放牧时竟走失了，回不来了。邻居们得知这一消息以后，纷纷表示惋惜。可是塞翁却不以为意，他反而劝慰大伙儿："丢了马，当然是件坏事，但谁知道它会不会带来好的结果呢？"

没想到，过了几个月，那匹迷途的老马又从塞外跑了回来，并且还带回了一匹胡人骑的骏马。因此，邻居们就齐来向塞翁贺喜，而且他的儿子对这匹胡人骑的骏马也情有独钟，因此天天骑马兜风，乐此不疲。终于有一天，儿子因得意而忘形，竟从飞驰的马背上掉了下来，摔伤了一条腿，造成了终身残疾。善良的邻居们闻讯后，赶紧前来慰问，但这时塞翁并没有表现出什么悲伤的情绪，他仍然是那句老话："谁知道它会不会带来好的结果呢？"

又过了一年，边塞形势骤然吃紧，身强力壮的青年都被征去当了兵，结果十有八九都在战场上送了命。而塞翁的儿子因为是个跛腿，免服兵役，所以他们父子才得以避免了这场生离死别的灾难。

后来人们便渐渐地把这个故事浓缩成了一句成语:"塞翁失马,焉知非福。"

这个故事说明人世间的好事与坏事都不是绝对的,在一定的条件下,坏事可以引出好的结果,所以做人不应拿着常人的眼光看世界,应该用一双对生活、世界充满趣味的眼光来看待。

有位年轻人,新买的摩托车刚上路就发生了交通事故。只见他一面查看那辆崭新的摩托车被撞后的残骸,一面对周围的人说:"唉,我以前总说,有一天能有一辆摩托车就好了。现在我真有了一辆车,而且真的只有一天。"周围的人哈哈大笑起来。对这个年轻人来说,车被撞已无可挽回,但他并没有看得很重,而是利用幽默的力量,既减轻了自身的痛苦和不愉快,又给围观的人带来了一片欢乐。

换一个角度看待人生往往会给人带来欢乐,这也正是幽默的人才能够做得到的。幽默的人表现得往往都是特别的豁达,对任何事情都抱着一种十分积极、乐观的态度。

幽默能赋予生活以情趣和活力,它是智慧的闪光,是有价值的思维品质,不是油嘴滑舌的表现,也不是庸俗轻浮的玩笑;幽默可以洞察世事、入木三分,又可言简意赅、含蓄诙谐,给人以启迪和韵味。

大哲学家苏格拉底就是一位非常有幽默感的人,他对别人的错误从不采取指责的态度,而是采取一种迂回的方式,即幽默应对。

据记载,苏格拉底的妻子是一个性情十分暴躁的人,经常会当众给这位著名的哲学家难堪。有一次,苏格拉底在同几个学生讨论某个学术问题,他的妻子不知何故,忽然叫骂起来,震撼了整个课堂。继而，他的妻子又提起一桶凉水冲着苏格拉底泼了过去，苏格拉底全身湿透。当学生们感到十分尴尬而又不知所措的时候，只见苏格拉底诙谐地笑了起来，并且笑着说："我就知道打雷之后跟着要下雨的。"这一幽默的话语虽然不多，却使妻子的怒气出现了"阴转多云"到"多云转晴"的良性变化。大家听到后，都欣然大笑起来，但更令人敬佩的是这位智者明哲的高超文化素质、艺术修养以及他那坦荡的胸怀。

由此可见，一个具有幽默感的人，他会从趣味角度看待这个世界，正如苏格拉底一样。换句话说，一个人要想有幽默感，就要懂得从趣味的角度看待这个世界。

生活或者工作中，每个人都能多一些幽默感，就可以多一分舒畅的心情，让我们保持一个健康的心态去迎接每一天，去看待这个世界。

4. 让幽默提升你的人生境界

幽默是一种更高层次的人生境界，是对豁达的性格、圆通的作风的一种肯定，亚里士多德就曾经说过："幽默发现正面人物在个别缺点掩饰下的真正本质。我们正是这样不断地克服缺点，发展优点，这也就是幽默对人的肯定的力量之所在。"

具有幽默感的人，具备乐观的精神、幽默的心态。在任何事情上，他们都能从积极的角度去看问题，即使生活遇到困难也能洒脱地面对。

有一次，美国前总统罗斯福家中遭窃丢了很多东西。他的朋友写信想安慰他，而罗斯福却在回信中宽慰朋友说："谢谢你来信安慰我，我现在很平静。这要感谢上帝，因为：第一，贼偷去的是我的东西，而没有偷去我的生命。第二，贼只是偷去了我一部分东西，而不是全部。第三，最值得庆幸的是：做贼的是他，而不是我。"

用幽默的方式，来洒脱地面对人生，并不是伟人的专利，普通人也能分享这种修养。

有一位顾客正在一家小餐馆进餐，吃到一半时，他突然高喊："服务员，快来呀！"

在场的人都吃了一惊，当服务员赶来时，他不慌不忙地朝饭碗里指了指，说道："请帮我把这块石头从饭碗里拾出去好吗？"

幽默不是超然物外地看破红尘，而是人生境界的一种提升。这种幽默得近乎艺术化的表达比起板起面孔的训斥要好上何止百倍。华盛顿总统曾经说过："世界上有三件事是真实的——上帝的存在、人类的愚蠢和令人好笑的事情。前两者是我们难以理喻的，所以我们必须利用第三者大做文章。"

一天傍晚，史密斯敲开了邻居的门："请把您的收录机借给我用一晚上好吗？"

邻居热情地接待了他："怎么，您也喜欢晚间特别节目吗？"

"不，我只是想夜里安安静静地睡上一觉。"史密斯说。

幽默显现了一种洒脱的人生境界，更是一种宽阔博大的胸怀。当我们在社交场合中由于某种原因与他人发生冲突的时候，或者当你需要对朋友当场提出批评时，不妨采取上面这种曲折暗示的方法，这样既能表达你的意见，又能避免短兵相接、激化矛盾，还能表现你洒脱、大度的良好修养。

罗伯特，一位著名的演说家，他曾经说过："我发现幽默具有一种把年龄变为心理状态的力量，而不是生理状态的。"他还有另外一句著名的妙语："青春永驻的秘诀是谎报年龄。"

在罗伯特70岁生日时，有很多朋友来为他庆祝生日，其间有人劝他戴上帽子，因为他头顶秃了。罗伯特回答说："你不知道让头一直光着有多好，我是第一个知道下雨的人！"

这就是幽默，一种乐观豁达的胸怀，一种人生佳境！幽默能让世人笑口常开，从而能使人从一种洒脱、积极的生活态度中获得幸福的感觉。

有一对生活在一个小山村里的残疾夫妇，男人双目失明，女人双腿瘫痪。多少年来，他们相依为命，女人用眼睛观察世界，男人用双腿丈量生活。一年四季的播种、管理、收获……他们都合作完成，年复一年，时光如水，却始终没有冲刷掉洋溢在他们脸上的幸福。

有人问他们为什么如此幸福时，他们异口同声地反问："我们为什么不幸福呢？"男人笑着说："我双目失明，才能完全拥有我妻子的眼睛！"女人也微笑着说："我双腿瘫痪，我才完全拥有他的双腿啊！"

拥有了这种幽默带来的成熟境界，心灵就犹如有了源头的活水，我们就能用心灵的眼睛去发现幸福，发现美。在我们眼中，姹紫嫣红、草长莺飞是美的；大漠孤烟、长河落日也是美的；我们甚至可以用心领会到"留得残荷听雨声""菊残犹有傲霜枝"的优美意境。

11

这就是幽默，一种能帮助我们提升人生境界的生活艺术。如果我们像那对夫妇一样，抱着这种乐观的生活态度，去发现幽默，发现幸福，我们必然能生活在欢声笑语中。

生活是多姿多彩的，关键是你用什么样的眼光来看待它。拥有一个正确的视角，你会发现生活原来如此美好。

幽默和欢乐是人们生活中必备的良药，但幽默不像金钱、长相那样看得见摸得着，甚至也不像文化程度或专业水平有迹可查。幽默的人必定阅历丰富，知识渊博，还必有良好的心态支撑，可以说，真正的幽默是一种较高的人生境界。

5. 幽默，生活中必不可少的一种美德

《中国青年报》曾经有一篇文章，标题是：幽默感也是一种美德。没错，富于幽默感的人，不仅更会运用幽默技法，而且更能感觉出别人感觉不到的喜剧色彩，也更能理解幽默。基于这些，有幽默感的人，在人际交往中就会更受欢迎，幽默感也成了人们生活中不可或缺的因素。

在交往中，幽默感使人较易于相处，这是明显的事实。所谓幽默感，更普遍的是讲人，指的是他对幽默的感受力和他的谐趣性。缺乏幽默感的人常是听笑话不甚理解，别人在笑，他却没感觉到有什么可笑。和缺乏幽默感的人开玩笑会产生误会的，这样的人对滑稽感觉迟钝，甚至感觉不出。

缺乏幽默的人是悲哀的。这意思就是说，缺乏幽默感也是悲哀的。怪不得日本东京出现一家笑话学校；巴西在1984年还成立一家"笑语出口公司"，并在一年内很快将这出口货打进了英国、日本、德国、希腊、阿根廷、西班牙等许多国家。

人在社交中的幽默感可说是一种智能。一般而言，思维敏捷的人幽默感强些，思维迟缓的人则相反；性情开朗的人幽默感强些，内向型的人常相反。幽默与文化修养相关，所以知识多的人总比知识少的人感受面要大。幽默感是在生活中逐渐养成的，人常听笑话，常开开玩笑，幽默感就会滋长。

大家一直对幽默感有各种不同的说法，如说是一种情感，那就是人的情感；如说是"使我们发笑的东西"，那就不仅限于人的；如说是人生观，是人的观点，就又属于人的思想，而不是别的东西。总之，幽默感是人在交际场中不可或缺的精神助力。

若说幽默感是天赋，其实不然，这种素质也可通过经历、学习积攒的。当幽默感真正地融入一个人的性情中去的时候，他就可以凭借幽默感，解决人际交往中遇到的所有问题了。美国前总统里根就是用幽默感来恢复公众信任的。

可见不仅是在普通的社交活动中，即使是在政治活动中，也是很需要用幽默来提升自己在别人心中的地位的。因为幽默感能给人以好印象，是使人觉得他较为宽厚，有容人之量，富有生气，遇事从容和有能力的表现。

幽默感是一种语言的艺术，是社会和文化发展的产物。这种艺术的特点是有所含蓄的滑稽，这种艺术方法叫作幽默的艺术方法，能理解和表现这种滑稽的人，称之为有幽默感的人，或说此人有幽默感，对于很会运用这种艺术的人，就说此人很幽默。

幽默感是一种处世艺术，幽默是以悠然超脱或达观认命的态度来待人处世，幽默是一种表达思想、抒发情感的技巧，是经过艺术加工的技巧，所以它是一种艺术。最初大概表现在语言，继之表现在文学艺术，因此形成笑的文学和笑的艺术，即幽默讽刺的文学作品和喜剧、相声、滑稽戏、漫画等等。因为是艺术，这艺术的技巧是可以学，而且也是大家学得会的。

幽默感与性格、人生观有关，喜欢开玩笑的人容易有较多幽默感，拘谨和性情孤僻的人是不大喜欢开玩笑的，因而缺少性情开朗的人的那种幽默感。性情开朗的人比较爱开玩笑不拘小节，待人处世比较宽厚。这样性格的人通常会比一般人对滑稽幽默感兴趣，容易学，也比较善于运用幽默语言，有较强的幽默感。

幽默感与处世态度有关，具有幽默感的人，在处世方面显得爽朗大度，比较乐观，在不利条件下能应付自如，因此幽默被认为是一种处世之道。

善于幽默的人，必定语言轻松有趣，性情开朗达观，为人比较温厚，在这样的前提之下，也必定拥有很多要好的朋友，拥有更丰富的人际交往的圈子，这是那些性情孤僻的人所无法比拟的。

6. 逗人发笑是一种大学问

幽默是能逗人笑的艺术，逗人发笑是它的一种功能。笑能让人高兴，使人开心，逗人发笑的艺术也就迅速地发展起来了。小孩子一生下来，就会笑；稍长大些，别人随便一逗，他也会笑。笑既然来得这么容易，那有什么学问呢？

"幽默"一词是外来语的音译，是林语堂创造的新词。《新华字典》说是：表面轻松而实际含有深刻讽刺的。《现代汉语词典》的解释不同：有趣可笑而意味深长的。英国的大百科全书把一切逗笑的事物、语言、手法等，连讽刺、插科打诨、耍贫嘴都叫幽默，但有高低级之分。

欧洲人把可笑、逗笑的都叫"幽默"，正如我们古时都叫"滑稽"。先是哲学家，然后是其他的学者们从哲学、美学、文艺学、语言学、修辞学等方面去研究，又在心理学、人类学、精神分析学等领域中去作综合考察。这些学者之中，除了希腊的柏拉图和亚里士多德之外，还有古罗马哲学家、政治家西塞罗、英国哲学家霍布斯、俄国文学批评家和作家车尔尼雪夫斯基、剧作家本·琼生等，他们都有关于笑的论述。世界上有哪一门学问需要这么多方面的学者文人去研究呢？可见这笑和幽默确实是很复杂也颇为微妙的。

对幽默这一门艺术的研究，各有各的说法。有人把幽默划分为两类：广义的幽默和狭义的幽默。有的把幽默和仅博一笑的滑稽逗乐加以区分；有的就都叫幽默，但有高级与低级的区别。

其实，狭义的幽默是最难讲清楚的，这里要讲的也是这个幽默，因为它涉及幽默和讽刺的文学艺术创作问题。目前，我们的一些喜剧、漫画和相声作品缺乏艺术性或艺术水平低，主要问题在于没有弄清幽默和讽刺的道理。

怎样才算是幽默呢？不同的人对幽默的解释各不相同，但有一点是公认的——有趣，使人发笑。这就是说，幽默里含有逗笑的因素。林语堂曾说："幽默处于俏皮与正经之间。"我们看到舞台上的丑角和相声、喜剧演员的表演滑稽可笑，但未必都是幽默。也就是说，幽默表达一定的思想情感，而一般的滑稽逗乐除博一笑之外，没有再多的东西了。

幽默含有笑的因素，并且是由笑繁衍而来的，就像人几乎天天会遇到可笑的事情一样。但我们还是可以找到引发幽默这门艺术的某些基本形式：

（1）巧合。足球飞来落在人的头上之所以可笑，是因为巧。如果那人是秃顶，就更可笑，因为圆圆的秃顶正像那个足球，真球碰假球，岂不更显得巧、更幽默吗？剧场楼上掉下一顶帽子来并不可笑，倘若恰好扣在楼下一位看客头上，就好笑了；如果掉下来的帽子恰好扣在一个帽子主人的朋友的头上，就更可笑，因为更巧更奇。

（2）尴尬。尴尬、难堪难免会引人发笑，因为其中有出错、出奇、出人意料的因素。在生活中和文艺作品以及表演中常可见到，尤其在讽刺作品中更多。

（3）差异。人们共同生活，日久天长便形成某种共同的生活方式，共同的语言、习惯，并有许多公认的常情常理，而异乎常态和常情常理的现象，会使人感到新奇而笑起来。比如，按我们的习惯，见面行礼是相对鞠躬或握手，但有的民族行礼是面对面吐出舌头，我们看了觉得可笑。

（4）失误。俗话说："闹出笑话来。"把事情弄错了常惹人笑。比如把白砂糖当作味精放进菜里就是弄错了，当然可笑；或者自作聪明偏偏出错更加可笑；不容易出错的事反而错了，越发招人笑等。

（5）机智。机智而获得意想不到的结果是会让人笑起来的。人常爱听别人讲聪明机智的故事，讲智巧的骗子故事，听了就笑。以巧智解围或惩罚什么人也很可笑，战国时代西门豹处理"河伯娶妇"事件，惩治了巫婆，就是个例子。

俗话说"一个丑角进城，赛过十个医生"，幽默是生活的添加剂，幽默是人生的常青树。在人们物质生活日益丰富的今天，在越来越多的人都在承受压力带来的紧张压抑时，恰当地运用幽默，消除人与人之间的误解或隔阂，增进相互间的交流、沟通与理解，就显得更加重要。

正如王蒙所说："幽默是一种成人的智慧，一种穿透力，一两句就把那畸形的、讳莫如深的东西端了出来。既包含着无可奈何，更包含着健康的希冀。"可见，在这逗人一笑的过程中，蕴藏的学问一点也不少。

7. 幽默是一种文化积淀品

不要以为幽默感是天生的，事实上每一种口才技能都是经过后天培养而形成的，幽默也是如此。而且，幽默往往和一个人的文化水平、素质高低有着直接的关系。比如低俗的人总是开一些哗众取宠的玩笑，那就称不上是幽默，而只是一种滑稽。

在我国古代的文献之中，就多有幽默的记载。司马迁的《史记》所载《滑稽列传》，记的并非只是逗笑的滑稽，内有幽默，这个"滑稽"也不会是仅为逗笑而无内涵的滑稽。古时候在我国滑稽和幽默是不分的，因为都有谐趣的这个共性。在《笑林》《启颜录》《笑府》等书所录的笑话，其中有很多还是出自文人学士的，如苏东坡的笑话就流传很广。

近代，出自民间的和内容低下的笑话，多属滑稽，幽默不多。这是因为古时人多从事农商，农民占绝大多数，生活贫苦，缺乏受教育条件，文化程度很低。在他们中间流行的笑话，很难出现幽默作品。

有些文人雅士之间，也会在一定场合以此取乐，但有所选择，或作些加工，文化程度和学识较高的人，欣赏的是幽默，对滑稽的兴趣，偏爱其中有美感的部分，如一些相声和卓别林表演中的一些滑稽。

说到卓别林，就不得不提西方国家的幽默文化了。他们习惯上把可笑的统称为幽默。"幽默"这个词是从西方引进我国的。带有社会性的笑从理论上加以区分，把较高层次，给人以艺术美感的笑，称为幽默。幽默能使人在一笑之间，获得审美的愉悦之感。

现在，因文学艺术发展的需要，用"幽默"和"滑稽"这两个词，把两者的性质有所不同地表现出来。滑稽和幽默都有逗笑功能，许多人对这两者之间的区别不易分清。滑稽出于偶然，经常可见可闻，人从小就常见，一见就笑。幽默则全出于创造。人喜欢滑稽，更欣赏幽默，而文艺创作重幽默。如果两者之间的区别分不清，以滑稽当幽默，甚至把肉麻当有趣都是可能的。

幽默源出于语言，而文化、语言的进化都是幽默产生和发展的基本条件。漫画就是幽默的一种新兴事物，更是幽默艺术的原始延伸。

英国早在17世纪之前便摆脱封建势力的羁绊，不仅漫画，幽默讽刺文学作品早就流行。到18世纪就出现了专业的漫画家。

而在我国，封建专制延续几千年，幽默见之于作品中不多。有谐趣的漫画，少而难以流行。漫画以奇突的形象表现幽默，更容易使人以为影射什么，自行对号入座，那是难免要惹祸的。直到20世纪初年，清朝皇帝被赶下宝座之后，我们的漫画才流行起来，出现专业的漫画家。

可见，幽默是一种文化积淀品，是人类智慧的创造。人的文化素质越高，幽默运用涉及面越广，人的文化积淀越深厚，对幽默的应用也就越灵活。

8. 用轻松的话语调节生活

俄国文学家契诃夫曾说过这样一句话："不懂得开玩笑的人，是没有希望的人。"可见，在生活中保持幽默，对于一个人来说是多么重要的一件事。生活不可能是一帆风顺的，在前行的道路上我们总是会遇到许多的沟沟坎坎，有的人终其一生都活在抱怨和悲哀之中，但是有的人却能让自己活得轻松潇洒，不管生活怎样艰难，他们都能在困苦中寻找到快乐的元素，并将这些欢乐带给身边的人。试问一下，这样的人又有谁不喜欢与之交往呢？

幽默是一种智慧的表现，具有幽默感的人无论走到哪里都受欢迎。幽默的人又是可爱的，他们总是能适时地在一汪清水之中激起点点涟漪，使得平日里琐碎的生活增添几分韵味与情趣。

26岁的阮灵芝是一家文化公司的图片编辑，新年到了，公司按照老规矩，要求各位员工列举自己"一年来近况"。阮灵芝的回答如下："这一年对我而言，进步的是失眠症及智慧，退步的是记忆力，总体收支平衡；增加的是腰围和胆固醇，减少的是头发及幽默感。附注：如果你注意到今年的笑话字体比以前有所放大，那证明本人视力正在无可挽回地退化。"她的这一创造性回答引来了老板及全体同事的笑声和热烈的掌声。

有人说，一个没有幽默感的人，就像鲜花没有香味，只有形没有神。有的人美丽精明，难以接近；有的人漂亮柔弱，让人怜惜。

面对生活和工作，我们总会有不尽如人意的时候，但千万不要把自己置于一种怨天尤人的氛围之中，要用幽默的语言轻松化解对环境的不满，合理、适度地调节大家的心情。在合适的场合，适当地说几句俏皮话，勇敢地自嘲几句，会让你显得更加迷人。

俗话说："一笑解百忧。"幽默、诙谐、风趣的行为和笑话，是活跃、丰富生活的兴奋剂，也是化解夫妻矛盾的调和剂，在种种生动有趣的幽默战术"轰炸"下，最冷漠的人也会在对方的幽默中弃械投降。

董旭是一所大学里的副教授，当他们夫妻之间出现意见分歧难以争辩出高下时，他不会采取不符合自己身份的方式与妻子开战，而是选择不理不睬来表达自己的不满，以沉默表示自己的不屑一顾，以致家里常常成了冷战的"重灾区"。

他的妻子木槿是个有着丰富的幽默细胞的某节目主持人，为了打破冷战僵局，木槿总是随机应变地运用不同的幽默战术，巧妙搭建沟通和解之桥，缓和紧张的气氛，避免了夫妻矛盾的激化和升级。

一个周末，午饭后，木槿和老公商定要把家里那台图像不清的25寸的彩电淘汰掉，于是两人动身前往商场挑选电视机。经过一番对比和斟酌后，木槿决定买日本索尼的34寸超薄彩电，但是老公却抱着节省的观念，看中了一个国产的牌子，而且丝毫没有动摇的意思，最后他还愤愤地讽刺妻子是俗气的崇洋派。木槿一急，跟着回了一句"老学究，土气包"的气话。很快，两个人就争辩了起来。结果电视机没买成，老公恼怒地瞪了木槿一眼，拂袖而去。

晚上，老公坐在书桌旁看报，消磨沉闷的时光。木槿躺在床上无事可做，因为受不了这种寂静的折磨，便从床上爬起来，假装要找东西的样子,在3个房间里来回地转来转去,想以此引起老公的注意。约一分钟后,她开始胡乱地翻箱倒柜,而且假扮出越来越着急的模样。一直响个不停的刺耳声,渐渐地刺激了原本无动于衷的老公,看着井井有条的家像遭遇窃贼一样,书柜里的书都被乱七八糟地摊到了地上,他再也耐不住性子了,气愤地问:"你在找什么?"这时木槿猛然回头答道:"我在找你的声音啊。"董旭听到后"扑哧"一笑,同时也明白了妻子的良苦用心,怒气在一瞬间消失得无影无踪。

幽默的女人,必然自在、自信和优雅,必会收获快乐、成功和幸福!幽默并不单单对女人有这种效果,只要你善加运用,任何人都可以在幽默中感知到平凡日子里一点一滴的快乐。当然在幽默的同时,还应注意,重大的原则决不能马虎,不同问题要不同对待,在处理问题时要有灵活性,做到幽默而不落俗套,使幽默能够为人类精神生活提供真正的养料。

幽默是一种风度,一种优雅,一种大家风范,一种灵魂修炼,一种自我美育,一种文化品格,一种高层次的人生况味。一个懂得幽默的人,一定是聪慧而且善解人意的。这样的人懂得用自己的方式化解生活中的怨恨,用微笑放松自己。对比那些成天满腹牢骚,愁眉苦脸的人来说,他们总是让人忍不住想靠近。

9. 不能将"庸俗"与"幽默"画等号

很多人把庸俗的笑话视为幽默，事实上，这两者之间有着本质的区别，我们决不能把庸俗与幽默画等号。

幽默风趣在人们繁忙的工作之余，对放松一下紧张的神经，调节一下生活情趣，的确起到了一定的积极作用，幽默风趣的人也因此深受大家欢迎和喜爱。遗憾的是在现实生活中，有一些人热衷于说段子，酒桌上，短信中，常常以段子为谈资。然而细观段子内容，却是低级趣味的东西居多。

但这些人并不觉得这有什么不妥，反而认为会讲段子是赢得同事好感的必要技能，能在别人的笑声中拉近彼此距离，岂不是一种本事，一种为人幽默的反映？对此我们不敢苟同。生活中的确需要幽默，它在处理与同事之间的关系中能够起到润滑剂的作用。但幽默同时也是一种高层次的语言艺术和思维智慧。真正的幽默，让人开怀的同时还会给人以启迪和思考。

一个胖富翁曾经挖苦瘦弱的作家萧伯纳："我一见你就知道世界在闹饥荒。"萧伯纳反唇相讥："我一见你就知道为什么世界在闹饥荒。"大师的幽默，让人捧腹之余，还会为其不卑不亢维护人格尊严的智慧而击掌叫好。

幽默家兼钢琴家波奇，有一次在美国密歇根州的福林特城演奏，发现听众只坐了剧场的一小半，他当然很失望也很难堪，但是他走向舞台时却说："福林特这个城市一定很有钱，我看到你们每个人都买了两三个座位的票。"于是整个大厅里充满了欢笑，波奇也以寥寥数语化解了尴尬的场面。这才是真正的幽默。

幽默不仅不低俗，还应该能反映出一个人的聪明、智慧以及随机应变的能力。

美国和苏联两国成功地进行了载人火箭飞行之后，德国、法国和以色列也联合拟订了月球旅行计划。火箭与太空舱都制造就绪，接下来就是挑选太空飞行员了。

工作人员对前来应征的3个人说："谈谈你们的待遇要求吧。"

德国应征者说："我的要求是3000美元。其中1000美元留着自己用，1000美元给我妻子，还有1000美元用作购房基金。"

法国应征者接着说："给我4000美元。1000美元归我自己，1000美元给我妻子，1000美元归还购房的贷款，还有1000美元给我的情人。"

最后以色列的应征者则说："我的要求是5000美元。其中有1000美元是给你的，1000美元归我自己，剩下的3000美元用来雇德国人开太空船！"

在这则笑话中，犹太人的幽默智慧可以说展现得极为生动。犹太人不须从事实务而只需摆弄数字，就可以自拿1000美元，还可以送工作人员1000美元的人情，这种精明的逻辑思维正是犹太人经营风格中最显著的特色之一。

可见，幽默是一种含蓄的讽刺，绝不是庸俗的插科打诨，无聊的戏谑逗趣，或恶意的嘲弄讥笑，也不是没有分寸的卖关子，耍嘴皮。幽默也不同于滑稽，滑稽不免庸俗肤浅，幽默却属高雅隽永；

滑稽多凭热烈之强辩，幽默则需学识和颖悟；滑稽常令人马上发笑，幽默使人回味无穷……

幽默，将载入史册，成为永恒；而庸俗，只是人们餐桌旁调情时的把戏。幽默，在笑的过程中带着一丝苦涩，一种对于世俗的无奈；而庸俗的笑话，有时会变得无聊之极。幽默带给人对于社会、对于人生、哲理的思考；庸俗的笑话只能一笑而过。幽默，是对生活豁达的表现；庸俗的笑话，只是纯粹娱乐手法。幽默，能锻炼人类的逻辑；庸俗，只能让人失去思想。幽默，并不能立竿见影，却立意深刻令人难以忘怀；庸俗，笑得痛快，忘得也同样痛快。

10. 要把握好幽默的时机

好朋友或要好的同事之间适当开开玩笑，可以活跃气氛、融洽关系，增进友谊。但开玩笑一定要适度，不要口不择言，想到什么可笑的事就大大咧咧地说出来。要因人、因时、因环境、因内容而定。

西方的4月1日是愚人节，这是一个专门为捉弄人而设立的节日，现在越来越国际化的我们，也开始流行起这个节日了。

4月1日这一天，即使是一个人到澡堂洗澡，衣服也会不翼而飞；一个姑娘突然接到不是父母的父母来信；一个足不出户的小伙子突然接到姑娘约会的电话；一个学生去上课，教室里却空无一人，这都是正常不过的了，没有人会生气。

在愚人节这天，张先生一个人在街上散步，突然背后传来吆喝："请让开，便桶来了！"张先生急忙闪开，一辆自行车飞驰而过，上面是一个小伙子带着个漂亮姑娘。张先生想了想，哈哈大笑起来。

如果今天不是愚人节，想必这就不会是一个让人捧腹的玩笑了，不但收不到幽默的效果，还会使他们觉得无聊，甚至引起他人的反感。可见，幽默不是随时都可以抛洒的，随着文明的进步，生活经验的积累，人们越来越清楚地认识到：有些场合慎用你的幽默。

还要注意，不要错过适当的时机。很多人都有过类似的经历：当自己和别人在谈话中，脑海里突然浮现出一句幽默的话题时，本来是想说出来，然而，又会突然想到："我说出来会使对方感到好笑吗？"或者因为考虑到："我说出这句话后，会不会让对方觉得我失礼呢？"于是犹豫了一下而错失良机。

幽默只有在最适当的时机中毫不犹豫地表现出来，才能达到最佳的效果。比如，朋友同事聚在一起聊天。当大家的话题转到赛马时，如果突然有人插话说："昨天我真是太倒霉了！把太太交给我买东西的2000元拿去赛马，结果输得一塌糊涂，我还真不好意思回家去！"当他说完后，你不妨马上接着说道："昨天的你，我相信若有地洞的话一定会钻进去的，是吧？"朋友们可能会被你这句话给逗笑了。可是，如果你不把握住时机而等到大家的话题转到其他的事情上时，你再说出上述话，就达不到任何幽默的效果了。

时机的把握对幽默的效果具有很大的影响，一旦你发觉这种幽默能使双方高兴，或将双方带入轻松愉快的气氛里时，那你就不应犹豫，要马上表现出来才好。否则一旦错过时机，唯有等待下次的机会，当话题又转回来时再加以利用。

如果你的幽默与当时的情境以及场合极不协调，那么你的那种自以为的幽默或是笑话，周围的人可能对此不屑一顾，在很多的时候还往往会引起别人的反感，甚至被人视为是对自己的侮辱而遭到反对。

外交家伍廷芳出使美国时，有次宴会上，一位贵妇人上前跟他握手说："我将爱犬改名为伍廷芳。"伍廷芳笑答："很好！你可以天天吻着伍廷芳。"可见，这就是一个时机不对的玩笑。

开玩笑什么样的时机才合适呢？一次乘车出远门，原本车厢里笼罩着沉闷压抑的气氛，乘客们个个都是无精打采的疲惫样子。后来，几个广东男子按捺不住，便打开了话匣子，轻松愉快地侃侃而谈，一个个笑话让乘客们开怀大笑，整个车厢荡漾着欢乐和谐的气氛，旅途的劳顿旋即消失。

所以，现在你要注意的事就是，要对自己和你所面向的人有一个正确的估计，要学会正确地运用幽默这种精神调节剂，因时因势，因地制宜地幽默一下，才能使幽默真正起到它该有的效果，才能做到不至于导致别人的误解。

总之，开玩笑要怀善意、看对象，要善于随时察言观色，更要预见到由此玩笑而可能产生的影响和后果。而对于被人玩笑"捉弄"的人，也应持忍让克制的理智态度，一笑而置之，不当一回事。最忌为此耿耿于怀，甚至相互较真，伺机报复，将事情闹大，使玩笑成为破坏团结、违法乱纪的导火索。

11. 别将冷嘲热讽当成批评别人的武器

具有幽默感的人，通常都会以嘲讽作为武器，来批评别人，或回击别人恶意的进攻。但即使是他们带有嘲讽意味的玩笑，也是诙谐而不失风度、滑稽而不粗俗、精炼而不烦冗的。因为他们明白，幽默嘲讽，也要与人为善的道理。

他们善意的嘲讽可能只是短短的几句话，或者简单的行动，却常常能胜于千言万语的描述与雄辩，使别人明白你要表达的事实和道理，并愉悦地接受、为之折服，达到劝解、说服的效果。

秦始皇吞并六国前，意欲扩大御花园，大量饲养珍禽异兽，但是这要消耗许多民力国力，可是皇上的命令谁都不敢违抗。当时，有个侏儒叫优旃，能言善辩，他对秦始皇说："好，这个主意很好，多养珍禽异兽，敌人就不敢来了，即使敌人从东方打过来，只需下令梅花鹿用角把他们顶回去就可以了。"

这实际上是有意把鹿的作用夸大到不可能的地步，使秦始皇从这种荒谬性中想到必须养精蓄锐以对付可能来犯的各种敌人。秦始皇听后，终于收回成命，听从了他的劝谏。

宋代时，一女子生了一对双胞胎，左邻右舍去看望，一位教书先生不怀好意地同孩子的父亲开玩笑道："这两个孩子哪一个是先生的？"孩子的父亲马上反应过来，幽默地回敬："不管哪个是先生，哪个是后生，都是我的孩子。"众人一听哈哈大笑，教书先生只得灰头土脸地溜走了，以后再不敢仗着一点浅薄的学识而恶意地讥讽别人了。

教书先生不怀好意的讽刺最后却自食其果，颜面全无。当我们面对他人的恶意讥讽时，最好的还击方式就是运用幽默巧妙反讽，让对方哑口无言。

林肯为历代美国人所爱戴，也是为世界所敬仰的领袖人物，当然，他也是一个幽默大师。林肯年轻时，做过律师。有一次，他作为被告辩护律师出庭。原告律师将一个简单的论据翻来覆去地陈述了两个多小时，听众都听得不耐烦了。待到林肯进行辩护时，只见他走上讲台，先把外衣脱下放到桌上，然后拿起玻璃杯喝了口水，接着又重新穿上外衣，然后又喝水，一句话也不说，这样的动作重复了五六次，逗得大家前俯后仰。林肯的幽默表演，实际是对原告律师的最好嘲弄，这也为他辩护的成功奠定了基础。

著名作家大仲马刚出版一本小说，大家都向他表示祝贺。一位贵妇人向来喜欢用尖刻的话贬低别人以抬高自己，她酸溜溜地对大仲马说："我喜欢这本书，不过是谁帮你写的？"大仲马立刻回敬："我很高兴你也喜欢，可是是谁帮你读的？"贵妇人碰了一鼻子灰，灰溜溜地走了，其他被她嘲讽过的人都觉得大仲马的应对帮他们回击了这位贵妇人，不禁对大仲马的书更加赞赏不已。

开玩笑时一定要与人为善，与人和睦相处，但如果有人想找乐子拿你开玩笑，对你进行无礼的嘲讽，令你无法接受，你也可以运用幽默这一有力武器进行回击，以扭转自己的被动境地，并向其他人展示你的机智应变能力。

12. 把握好幽默的投放量

凡事均要讲适度，幽默亦如此。在生活中，适时适地运用幽默，才能使相互之间的关系更加和谐、亲密。幽默可能会产生良好的效果，但前提是要把握好幽默的投放量。

一句幽默的妙语可以为沟通带来契机和轻松的气氛，但是讽刺挖苦的妙语、笑语、警句、讽喻，却只能阻塞沟通。因为"幽默轰炸"通常都会导致思维紧张，使人不知如何是好。试问有谁能不间断地承受不怀好意的幽默呢？

一位到外地出差的机关干部，拎了一兜水果去看望一个多年未见、新近升为副处长的老同学。老同学心宽体胖，雍容富态，开门见是同窗好友，很是热情，马上请老同学进屋坐下。倒茶的时候，老同学指着他手中的一兜水果戏谑道："你何时落魄到走门子了？本处长清正廉明，拒绝歪风邪气腐蚀贿赂。"一句讥讽的调侃，使这位机关干部自尊心受了伤，他顿生反感，扭头就走了。

幽默这把双刃剑，使用的稍有不当就会伤害到别人，甚至波及自己。幽默既不等同于一般的嘲笑、讥讽，也不是为笑而笑、轻佻造作地贫嘴耍滑。幽默是修养的体现，它与中伤截然不同。幽默笑谈是美德，恶语中伤是丑行。真正好的幽默是真情实感的自然流露，是严肃和趣味间的平衡，它以一种古怪的方式激发出来，却经常表现出心灵的慷慨仁慈。

在我们运用幽默的时机、地点乃至言辞不当时，都可能伤害别人的自尊与情感。如果幽默不能为人酿出欢娱，却强加给人怨愤、痛苦，这是令人遗憾惋惜的事情。我们应该学会怎样避开幽默的禁区。

带有嘲讽意味的幽默极易冒攻击他人的危险，还很容易使他人受到伤害，让别人陷于焦虑之中。通常，讥讽、攻击、责怪他人的幽默，也能引人发笑，但是它却常常造成难以弥补的后果，使本应欢乐的场面变得十分难堪。

某大酒店的服务员关朋宇不爱刮胡子，多次被批评，但积习难改，于是主管找他谈话。这位主管劈头就问道："关朋宇，想一想，你身上最锋利的是什么呀？"关朋宇愣了一下，掏出水果刀说："就这把水果刀了。"主管摇头："不见得，我看倒是你的胡子。"关朋宇不解："为什么？""因为它的穿透力特别强。"关朋宇明白主管是在说自己的脸皮特别厚，脸气得通红。

由于讥讽幽默的严重负效应，我们在运用幽默对别人进行批评时就要进行严格的推敲，以免使接受者产生被嘲笑、被捉弄的感觉。

还有，过火的恶作剧也很容易伤害人。所以，恶作剧一定要止于天真无邪的玩笑才行。善意的恶作剧，幽默情趣很浓，自然能给平淡的生活带来清新的空气，让人开心；但捉弄人的不怀好意的恶作剧，不但令人生厌，而且影响人际关系。

幽默的社会心理价值并不意味着它的普遍随意性，幽默的文化功用也不说明它具备了万能的效应。这是一朵带刺的玫瑰，是一片风光旖旎的雷区，任何轻率、莽撞的行为都将饱尝苦果，使潇洒轻松走向它的反面。

言语交际的失败大多与恶意的幽默有关。恶意的幽默不光使自己陷入尴尬和困境，而且导致别人轻视你，使你丧失人格价值。在众人的目光中，喋喋不休者仿佛如小丑一样可笑，故作幽默者更胜过小丑。

培养起一定的幽默感并不是很难，但是要做到能够恰当地把握好幽默的尺度，并不是一件容易的事情。因而我们运用幽默时，千万要注意时机、场合和对象。

第二章

巧用精妙修辞，让幽默张口就来

修辞就是语言的装饰品，精美的包装能让礼物更加赏心悦目，精彩的修辞能让语言更具魅力。

懂得运用修辞的人，往往说上三言两语，便妙趣横生，不仅使人忍俊不禁，而且能使人领悟到其中蕴含的智慧和哲理。恩格斯说："幽默是具有智慧、教养和道德的优越感的表现。"列宁则认为，幽默是一种优美的、健康的品质。想要成为幽默大师，首先就要在语言上下功夫。修辞可以让语言更加生动、形象，还可以产生"话外之音，言外之意"的效果。巧妙地运用修辞，能够创造出极为幽默的效果。

1. 制造荒诞法，让人忍俊不禁

荒诞，也就是荒谬怪诞，不合常规，不合情理，不切实际，稀奇古怪。确实，如果世界上的一切事物都处处符合常规常理，我们很难再找到幽默。幽默大师卓别林说过："所谓幽默，就是在我们看来是正常的行为中觉察出来的细微区别。换句话说，通过幽默，我们在貌似正常的现象中看出了不正常的现象，在貌似重要的事物中看出了不重要的事物。"幽默的言外之意正暗示着现实的荒谬。

一个女孩因失恋而茶饭不思，形容憔悴。她的一位女友这样安慰她："看你，越来越瘦了，你再这样瘦下去，我就把你挂在晾衣绳上，给我当衣裳架子。"说得她破涕为笑，心里轻松了许多。这就是一种离奇的夸张，想象奇特，产生了戏谑的效果。

运用夸张制造幽默，离不开丰富的想象力。只有那些具有卓越的想象力的人才能使夸张这种很平常的修辞方法产生出令人惊叹的幽默效果来。

一个年轻的音乐家从华沙乘火车到莫斯科。在车厢里看乐谱的时候，被同车的一个特务发现了。特务认为乐谱有问题，要分析一番，结果自然分析不出什么来。于是特务把他当间谍逮捕，声称那乐谱就是密码。音乐家被带走时抗议说："那不过是巴赫所作的逃亡曲罢了。"翌日，他仍否认有罪。于是警察总监威胁地说："同志，你还是招了吧。别耍什么花招了！巴赫他自己已经认罪了。"

这则故事荒唐透顶，令人忍俊不禁。

夸张能制造荒诞，荒诞能产生幽默。当然，也并非全然如此。李白的"白发三千丈""燕山雪花大如席"是夸张，但我们听不出幽默。夸张只是一种修辞手段，用在不同的场合、不同的对象、不同的情境中，会产生各种不同的效果，只有和生活中的荒谬之处与人的滑稽可笑之处紧密相连，它才能产生幽默。夸张正是通过对生活中反常的因素的极力夸大、渲染，来揭示生活的某些不合理与不和谐现象，来对自己和他人的某些无伤大雅的缺点、毛病进行善意的嘲讽和规劝。夸张还特别需要一种调侃、达观的态度，充满嫌厌的夸张那绝不能产生幽默。

比方说和你同屋的小张不太讲究卫生，几周才换一次衣服，如果这时你抓起他的衬衣挖苦说："瞧你，身上的虱子比猪身上的还多。"这虽然也是夸张，但由于将人与猪放在一起，显然已带有人格侮辱的味道，不会产生幽默感。如果你换一种打趣的方式说："咱们住了这么久，我今天才发现你身上还有这样一片肥沃的土地，那帮喝你血的家伙恐怕已'四世同堂'了，你也该给它们来个'三光政策'了吧！"你的这种煞有介事的夸张，一定会让他在哈哈一笑的同时将他的脏衣服扔进洗衣盆里。

2. 随机应变，是幽默的至高境界

最聪明的幽默不是深思熟虑的产物，而应该是随机应变，自然而成的结晶。聪明人总是会随机应变地处理各种事务，幽默的人也是如此。有准备的幽默当然能应付一些场合，但难免有人工斧凿之嫌；随机应变的幽默才是最精粹、最具有生命力的，也是最难把握的至高境界。

英国作家狄更斯酷爱钓鱼。有一次，狄更斯正在一条河里钓鱼。一个陌生人突然走到他跟前，打断他问道："先生，您在钓鱼？""是啊。"狄更斯毫不迟疑地回答，"今天钓了半天了，也没一条鱼上钩；可是在昨天，也是在这个地方，我却钓到了15条鱼！"

陌生人说："是吗？"然后露出奇怪的笑容，"那你知道我是谁吗？"狄更斯感到莫名其妙，连连摇头说："不知道。"

陌生人接着说："我是这条河的管理人员，这段河面上是严禁钓鱼的！"说着，那陌生人从口袋里掏出一本发票簿，要记下眼前这个垂钓者的名字并罚款。

见此情景，狄更斯并不着急，而是很镇定地反问他："那么，你知道我是谁吗？"

陌生人在听到狄更斯的反问后惊讶不已，于是狄更斯大笑着说："我是作家狄更斯。你不能罚我的款，因为虚构故事是我的职业。"

狄更斯在这里用随机应变的幽默手法，表现出了非凡的灵敏和机智。

开往乌鲁木齐的列车上,列车员正在检票。一位第一次乘坐本次列车的先生,手忙脚乱地寻找自己的车票,在他翻遍所有的口袋之后,终于找到了火车票。他自言自语地说:"感谢上帝,总算找到了。"

"找不到也不要紧!"旁边一位年轻人说,"我到乌鲁木齐去过20次都没买车票。"

他的话正好被在一旁检票的列车员听到,于是列车到乌鲁木齐车站后,这位年轻人被带到了拘留所,接受审讯。

警察问:"你说过,你曾20次无票乘车来到乌鲁木齐。"

年轻人回答说:"是的,我说过!"

警察问:"您不知道这是违法行为?"

"我不这么认为。"年轻人看起来很坦然。

警察问:"那么,无票乘车怎么解释?"

"很简单,我是开着汽车来的。"

这位年轻人真是有"把稻草说成金条"的本事。无可非议,他以前一定有过逃票的行为,但他能巧妙地运用幽默为自己开脱,列车员能拿他怎么办?这就是随机应变的幽默力量。

罗蒙诺索夫是一位俄国学者。他向来生活简朴,不大讲究穿着。有一次,一位外表衣冠楚楚,实则不学无术的英国商人,看到罗蒙诺索夫衣服上有一个破洞,便指着那里挖苦他说:"在这个破洞里,我看到了您的聪明才智。"罗蒙诺索夫毫不客气地回敬:"先生,从这里我却看到了另一个人的愚蠢。"

英国商人想借衣服破洞、小题大做、贬损罗蒙诺索夫的人格，这无疑反映了他的无耻和恶劣的品质。罗蒙诺索夫就抓住这一点，随机应变地选择了与聪明相对的词语"愚蠢"，准确地回敬了对方，使其自食恶果。

幽默是一种智慧的表现。随机应变的幽默，从机智出发，赋予机智以新的动力，同时也对幽默自身的意念、态度和手法产生影响。当机智在幽默中以其理性姿态出现时，则构成了机智性幽默这一新生物。

3. 不动声色的幽默更能打动人心

幽默的技巧有一条规律：讲述幽默语言的人越是沉不住气，越在面部表现出惊奇，流露出笑容，越是减少幽默的效果；相反地，越是做出对笑料无所感应的样子，越是成功。

美国幽默作家马克·吐温在《怎样讲故事》中提到这样一个故事：在炮火连天的战场上，一个士兵脚受了伤，他请另一个士兵把他背下战场，可是飞来的弹片把受伤士兵的头削去了，而那背着自己朋友的士兵仍旧飞奔不已。这一切被在场军官看见了，军官叫道："你背个没头的尸体跑什么呀？"那士兵停下来看了看自己背上的朋友，大感不解地说："可是他刚才叫我背他的时候，还是有头的呀！"

这个故事自然是很好笑的。可是马克·吐温说：在美国讲这个故事的两个人却有不同的讲法，一个是一面讲，一面预料到听众会感到可笑，他自己总是忍俊不禁地笑起来。马克·吐温认为：即使这个人能引动听众跟他一起笑，也没有什么讲故事的才华。而另一个讲故事的人则不这样，他不动声色，装得像个乡巴佬的样子，丝毫没感到这故事有什么可笑之处。马克·吐温认为这样的演员更能引起听众的笑声，而且与前者相比，后者才是个有表演天赋的人。

原因何在呢？幽默的趣味既不是一种单纯的情感，也不是单纯的智慧，它是一种复合的东西，其中包含着荒诞与机智、同情与隔膜之间的对比或反差；而一面讲，一面笑，却减少了这种反差；明明很可笑，但讲故事的人却显得很笨拙、很迟钝的样子，无疑就增加其中的反差，自然也就增强了幽默的功能。

幽默的最大功能是减轻心理压力，防止或消除紧张的人事关系，提高自己的人格，开阔自己的胸襟，特别是在自己精神上占了优势以后，幽默可以用来保护你对手的自尊心和人格。

4. 直白隐衷的幽默，让人忍俊不禁

直白隐衷法并非是将隐衷作直接的、现实的表达，而是通过片面的逻辑，作假定的、非实用的、不科学的表达。

清代石成金编的《笑得好》中有一个很有参考价值的故事《锯酒杯》：

一人赴宴，主人斟酒，每次只斟半杯。此人忽问主人："尊府若有锯子，请借我用一下。"主人问何用。此人指着酒杯说："此杯上半截既然盛不得酒，要它何用？锯去岂不更好！"

此建议耸人听闻,很明显不可能实现,彼此不难心照不宣,这比之完全由你告知其心理阻抗要小,人际摩擦亦小。此法用来表达愿望,可避免可能引起的尴尬。

直白的隐衷须得是带着荒谬色彩的,如果不荒谬,或荒谬性不足,就得设法使荒谬性强化。

清代出版的《新刊笑林广记》中有一个故事《一味足矣》,在表达某种不便明言的愿望时,同样有参考价值:

一塾师开馆,东家因其初到,具一鹅款待。酒过三巡,塾师对东家说:"今后打扰的日子还长,饮食务须从俭,否则我心中不安。"随即指着盘中之鹅说:"天天只要一只鹅就够了,其余的就免了。"

塾师好像是在客气,劝东家不要过分款待,实际是提出了很高的要求。有时,要表达一种愿望,这种愿望并无难言之处,但仍然以曲折暗示为有趣。

5. 故作玄虚的幽默,能出奇制胜

幽默的表现形式是多种多样的。但通常情况下,同样的一句话说得含蓄,幽默感就强些,反之,则可能煞风景。而故作玄虚的奥秘就在于,利用对方预期转化的心理,出奇制胜,但其解释要在真理与歪理之间。

法国寓言家拉封丹习惯于每天早上吃一个土豆,有一天,他把土豆放在餐厅的壁炉上晾一下,不料却不翼而飞了。

于是他大叫:"我的上帝,谁把我的土豆吃了?"

他的佣人匆匆走来说:"不是我。"

"那就太好了!"

"先生为什么这样说?"

"因为我在土豆上放了砒霜,想用它毒老鼠!"

"啊,上帝!我中毒了!"

拉封丹笑了:"放心吧,我不过是想让你说真话罢了。"

这里拉封丹用的正是故作玄虚的方法,从心理预期来说是双重的失落。第一次是仆人说自己没有吃,而拉封丹说太好了,仆人有轻松的预期,结果转化为非常严重的后果,接着又来了一个掉转,预期的危险完全消失。这是双料的故作玄虚,本来什么事也没有,平淡无奇,藉一个没有毒的土豆,弄了两次玄虚,让仆人的心理失落了又失落。

我国南北朝时期北齐高祖身边有一个优伶叫作石董桶,专门以幽默的言行来逗皇帝开心。有一次齐高祖大宴近臣,出了一个谜语叫众臣猜。谜面很古怪,叫作"卒律葛答",按古代汉语的读法有点像现代汉语的"疙里疙瘩"。大家都猜不出,只有石董桶猜对了,是煎饼。齐高祖又提议大家出一个谜让他猜猜,大家不敢,只有石董桶出了一个谜,也是"卒律葛答"。这下把齐高祖给懵住了,问他谜底,他说:"是煎饼。"

这是利用了现场的一种心理预期,既是新出谜语,必有新底,谁也不会想到竟是原来谜语的重复。这就是故作玄虚的功能了。

故作玄虚全部的奥秘就在于利用对方预期转化的心理。这种方法变化万千,有时不是给人一种双重转化,而是相反,故意给他一个没有转化的谜底,让他期待掉转的心理落空,恢复到常态。

6. 一语双关的幽默：言在此而意在彼

一语双关，是指在一定的语言环境中，利用语句的同义或谐音的关系，有意识地使语句具有双重意义，言在此而意在彼。一语双关的幽默的力量，能够帮助你笑对人生，轻松愉快而又有意义地生活。并借以言在此而意在彼的智慧，化解人际交往中的不愉快，既保全对方的面子，又不失自己的风度。

有一位年轻的作者来到某编辑部，递上自己的作品。编辑看了作品以后问他："这篇小说是你自己写的？""是我自己写的。"年轻人答道，"我构思了一个多月的时间，整整坐了两天才写出来的，写作真苦！""啊，伟大的契诃夫先生，您什么时候复活了啊！"编辑大发感慨。听了编辑的话，年轻人赶紧悄悄地离开了编辑部。稍加思索，年轻人就会明白，"契诃夫先生，您什么时候复活了啊！"这句话，隐寓着"你抄了契诃夫先生的作品"。其效果远胜于快言快语地指出作品是抄袭的。

为了增加语言的幽默或讽刺意味，可以借助词的简单关系，造成语带双关，明言此，暗言彼的效果。在论辩中，当遇到棘手的问题不好回答或不能回答时，一语双关往往能收到出人意料的效果。

阿凡提租闹市的店面开理发店，租期为1年。店主仗着店面是他租给阿凡提的，每次剃头都不给钱。有一天店主又来了，阿凡提照例给他剃了光头，边刮脸边问道："东家，眉毛要不要？"

"废话,当然要!"阿凡提嗖嗖两刀,把店主的两道浓眉剃下来了,说:"要,就给你吧。"

店主气得说不出话来,埋怨自己不该说"要"。"喂,胡子要不要?""不要,不要!"店主忙说。阿凡提嗖嗖几刀,把店主苦心蓄养的大胡子刮下来,甩在地上。阿凡提用双关语,把店主整治得无可奈何。

由于双关语含蓄委婉,生动活泼,又幽默诙谐,饶有趣味,能给人以意在言外之感,又使人回味无穷。

有一次,美国总统里根决定恢复生产B—1轰炸机,引起许多美国人的反对。在记者招待会上,面对责问,里根答道:"我怎么不知道B—1是一种飞机呢?我只知道B1是人体不可缺少的维生素,我想我们的武装部也一定需要这种不可缺少的东西。"

这句一语双关的妙言,一时竟使得那些反对者不知所措。

有一天,著名诗人海涅正在创作新诗,听到有人敲门,海涅不得不停下笔去开门。原来是邮递员送来一件邮包。寄件人是海涅的朋友梅厄先生。

本来,因紧张写作而感到疲倦的海涅,被人打断写作思路是很不高兴的,但当他不耐烦地打开邮包之后,疲倦却马上消失了。

邮包里面包着层层纸张,海涅撕了一层又一层,终于拿出一张小小的纸条。小纸条上就写了短短的几句话:"亲爱的海涅,我健康而又快活!衷心地致以问候。你的梅厄。"

海涅没有感到不耐烦,而且还被这个玩笑逗得十分快乐,调整一下情绪后,他决定给朋友也开一个玩笑。

几天后,梅厄先生也收到了海涅的一个邮包。那邮包非常重,梅厄先生一个人无法把它拿回家去。他只得雇了一个脚夫帮他把邮包扛回家去。

回到家里以后，梅厄打开了这个奇怪的邮包。结果他惊奇地发现，邮包里面什么也没有，只有一块大石头。石头上有一张便条，上面写着："亲爱的梅厄！看了你的信，知道你又健康又快活，我心上的这块石头落地了。我把它寄给你，以永远纪念我对你的爱。"

海涅的回复，一语双关地既表达了问候，又报复了梅厄先生的恶作剧，可谓是幽默的经典。

一语双关的幽默是人们为改善自己情绪和面对生活困境时所产生的一种需要，它的形成主要在于人们的情绪。当你对他人的幽默以快乐和肯定来回应时，当你帮助他人感受快乐时，健康的幽默就已经产生了。

7. 含而不露的幽默，巧妙制胜

所谓含而不露就是运用暗示幽默法，即对事物表达自己的看法，不是通过直说，而是通过种种可能进行曲说，并达到幽默效果的方法。

含而不露的幽默，既让自己有台阶下，又让别人张口结舌，面红耳赤。

一次，诗人郭祥正把自己写的一首新诗送给苏东坡鉴赏。但在苏东坡看诗之前，他自己先有声有色地吟咏起来。吟完诗，郭祥正才来征询东坡的意见:"我这诗怎么样,能评多少分啊?"苏东坡不假思索地说:"十分。"郭祥正大喜,又问:"真的能有十分?"苏东坡笑着答道:"你刚才吟诗,七分来自读,三分来自诗,不是十分又是几分?"就这样,苏东坡含而不露地讽刺了郭祥正。

含而不露的幽默是一种个性的表现,能反映出你的开朗、自信和智慧;含而不露的幽默对人际交往大有好处,它会使你显得更容易接触,和你接触很快乐,别人可以平视你而非仰视;含而不露的幽默还能让你成为最受欢迎的人,这对你的工作和愉快的生活大有帮助。

交际能力强的人,总是会利用幽默,给人们带来欢乐。比如,在同学聚会或者其他人比较多的场合,可以抓住身边的事物,现场发挥一下。聚会中,有人打翻了盘子,有人摔了一跤,都可以拿过来幽默一下,既帮别人解了围,又能让大家开怀一笑,缓解紧张气氛。

蔡澜曾经写到过这样一件事:有一次,蔡澜在欧洲邂逅了一位美丽的女子。蔡澜吸引其注意的方法是向陌生女子比画:"我令你快乐。"当那女子摆出一副愿闻其详的姿态时,蔡澜知道自己已经成功一半了。接着蔡澜伸出左右手,道:"用左手,用右手。"又眨眨眼睛:"还用舌头。"女子顿时大怒,认为他有意无礼。此时,蔡澜把手放在两耳边,同时吐舌,做可爱猪八戒状,女子顿时笑不可抑。一场萍水相逢,两人皆大欢喜,此为含而不露的幽默之功劳。

从某种意义上讲幽默是你个人竞争优势的一种手段,如吸引异性、得到更好的工作等等。人都有追求快乐、逃避痛苦的本能,所以,在人际沟通中,能够给他人带来快乐的人,往往是最受欢迎的。

暗示幽默法广为人们喜欢，其原因在于它从多个方面对人们进行了照顾、安慰。比如面子，后面躲着自尊。如果有人在某些方面伤害了你，你用露骨的方法去刺他，不论他的面子后的自尊有没有教养，它都不允许自己被刺，那么仇恨、报复就由此产生了。

如果运用暗示幽默法来解决，首先，照顾了他的面子，而曲言婉至的话语却达到了尖锐的实质。一方面他会知难而退，另一方面，他会因你照顾了他的面子反而对你有了钦佩和感激之情。

会说话的人，你常常会在他的身上发现暗示常驻。暗示幽默法，能广泛地用于生活的各个方面，帮助我们走出困境。

含而不露的幽默是用影射手法，机智而又敏捷地指出别人的优缺点，在微笑中加以肯定或否定。生活中应用幽默，可缓解矛盾，调节情绪，给人带来欢笑，征服忧愁和烦恼，使人的心理处于相对平衡的状态。

8. 暗度陈仓的幽默，让交流妙趣横生

暗度陈仓的幽默，是智慧，是一个人良好素质和修养的表现。幽默能表事理于机智，寓深刻于轻松，给周围的人以欢笑和愉快。幽默运用得恰当，能为谈话暗度陈仓，叫人轻松之余又深觉难忘。

恩格斯曾经说过："幽默是具有智慧、教养和道德的优越感的表现。"暗度陈仓的幽默，是一种高深的说话艺术手段。幽默能表现说话者的风度、素养，使人在忍俊不禁的同时，能够营造轻松活泼的

氛围。

民国时期，国民党考试院院长戴季陶要在广汉建造私邸，选地址时，把一位清末的老秀才的3间破屋也划在私邸范围内。老秀才为此很着急，朋友们给老秀才出点子，说戴季陶信佛，要他利用这一点，说这3间破屋风水不好。

无奈之下，老秀才给戴季陶写了一封信："戴公传贤院长大人钧鉴：迩闻我公于梓里兴建华堂，为广汉古城增色，不胜欣喜。然而动土露去敝舍柴屋三间，本理应奉献大人，唯此房历来风水败逆，贻误子孙繁衍。如此不毛之地，今我公改建公馆，未免魑魅魍魉作怪，不利长居久安……"

戴季陶见信后很生气，当即派人将老秀才的3间柴房归还给他。老秀才"明修栈道"说风水不好，会闹鬼，这全是为戴院长着想。实则"暗度陈仓"，利用戴的忌讳，保住了柴屋。

生活中的插科打诨是毫无意义的幽默，幽默也不是没有分寸的卖关子、耍嘴皮。幽默要在入情入理之中，引人发笑，给人启迪，善于使用它需要一定的素质与修养。

幽默从功效上说，有愉悦式幽默、哲理式幽默、解嘲式幽默以及讥讽式幽默。为了达到幽默的最佳效果，对同事朋友宜多用愉悦式幽默和哲理性幽默；对待自我、对待友人也可以根据情况适当运用解嘲式幽默；对待敌人、恶人则要用讽刺性幽默，以便在用幽默讥讽、鞭挞对方的同时，给周围的同事、朋友以愉快。

美国作家马克·吐温也很擅长幽默。一次，一位百万富翁在他面前炫耀自己刚装的一只假眼："你猜得着吗，我哪只眼睛是假的？"马克·吐温准确地指着他的左眼说："这只是假的。"百万富翁非常惊讶地问："你是怎么知道的，根据是什么？"马克·吐温说："因为我看到，只有这只眼睛还有一点点仁慈。"

一个人的面部表情上的幽默技巧，也是很重要的。德国哲人黑格尔曾说过："同样一句话，从不同人嘴里说出来，具有不同的含义。"其实，同一句话，即使是从同一个人嘴里说出来，也可能因为音强、音调、音质的不同，面部表情有异，而带有不同的含义，给人以不同的感觉。因此，要在说话中全面表现友好，除了说话内容以外，还要控制声调、表情等因素；除了有声语言外，还要借助无声语言。

20世纪70年代，美国心理学家阿尔皮特曾经通过研究，给友好的谈话立了一个公式："谈话的友好＝7%的说话内容＋38%的声调＋55%的表情"。通过这一公式，我们可以看出谈话中的声调和表情的重要性。意大利著名的悲剧表演艺术家罗西有一次应邀为外宾表演，他在台上用意大利语念起一段台词，尽管外宾听不懂他念的是什么内容，但却为他那满脸辛酸、凄凉和悲怆的语音、声调、表情所感染，大家禁不住泪如泉涌。当罗西表演结束后，翻译解释说，刚才罗西念的根本不是什么台词，而是大家面前桌子上的菜单！

使用幽默要根据具体情况酌情使用，对于长辈、女性、初次相识的人，幽默一定要慎用。使用幽默要注意度，一旦过了头，很可能会被对方误解为取笑与讥讽，造成双方关系的不良后果。

9. 运用绵里藏针的幽默，温和机智巧反击

绵里藏针的幽默是一种温和、含蓄而又机智地对待生活的态度，它采取大智若愚的形式，揭示了生活中常人不易发现的某种深层次的东西，是有知识有修养的表现，是一种高雅的风度。

在丘吉尔脱离保守党，加入自由党时，一位媚态十足的年轻妇人对他说："丘吉尔先生，你有两点我不喜欢。"

"哪两点？"

"你执行的新政策和你嘴上的胡须。"

"哎呀，真的，夫人，"丘吉尔彬彬有礼地回答道，"请不要在意，您没有机会接触到其中任何一点。"

在这里，丘吉尔便巧妙地运用幽默的语言艺术来摆脱尴尬的场面。尽管其外在形式是温和的，但这种温和之中蕴含着批判，使用了"绵里藏针"的技巧，让对方不免恼怒，却又不便发作，具有特殊的力量。

当然，绵里藏针的幽默使用最多的领域还是在正式场合，带有更多友善的味道。现在，人们对幽默的评价越来越高，就连工商界的企业家们，也知道利用绵里藏针的幽默力量来改变他们原有的形象，改善公众对他们公司的看法。根据一份材料，美国300多家大公司的领导参加过一次有关幽默的调查。调查结果表明，90%以上的领导者认为幽默感在一定程度上能决定事业的成败。例如，克雷

福特公司的总裁认为，对于主管领导来说，幽默感是十分重要的。他说："它能表示领导者们具有活泼的，富于柔情的心理。这样的人不会把自己看得太重，也不会把别人看得太轻，能够做出比较合理正确的决策。"还有一家公司的总裁从营造和谐愉快的人际关系的角度来看待幽默："应当承认，幽默是基本的原则之一，如果你能做出使自己和别人都感到快活的事情，那么你就可能是一位好领导，或是一位好部下。"

在国外，幽默家奥尔本创办了幽默服务，他发现最近10年以来，他的客户发生了很大的变化，前来光顾的工商业户越来越多，改变了以前那种顾客以娱乐界和教育界为主的现象。而美国佛罗里达州一家大公司的业务主管将幽默列为职员必须具备的条件之一，尤其是那些直接接待客户的职员，更加需要幽默的力量。他建议在人事选择与安排方面要挑选那些具有幽默感的人。

某个大公司里的一位部门经理，他每天总想的问题是："部门内的人是否真正喜欢我？"一次，他从外面走进办公室，发现手下的职员们正聚在一起唱歌，可是一见到他，就立即匆匆忙忙奔向各自的办公桌。他没有大发脾气，也没有表示任何的不满意，只是说了一句："看来你们唱歌的水平并不那么高。"这句话却产生了很好的效果。原来，这个经理过去总是板着面孔训人，批评别人总是"不许偷懒""工作时间不准娱乐"之类的话。这次他小幽默了一下，使别人了解他原来也有不为人知的说笑一面，同时他也了解到，只要自己能和众人一起欢笑，只要自己能把大家所需要的东西奉献出来，那么也一定能得到自己所需的东西，就能与大家建立良好的工作关系。

现在越来越多的企业界人士关注自己在众人眼中的形象。他们懂得，自己笑一笑，并争取让别人和自己一起笑。这样的机会不能轻易放过，如果我们不懂得利用这些机会，那肯定会失败。在事业和工作上，幽默会产生出某种不可思议的力量，能促进他人了解和接受自己，从而有助于事业的成功。

绵里藏针的幽默无论对于赞扬与批评或是自嘲与揶揄，或是对敌人有力辛辣的反击，都可以起到意想不到的效果。幽默语言的魅力，正如特鲁·赫伯所说的："它是一种最有感染力，最具有普遍意义的传递艺术。"

在我们的周围，许多人在事业和工作的路途上，往往会遇到许多障碍。其中有一个障碍就是人们在心理上对新的工作感到难以适应。究其原因，很大程度上来自对人际关系的忧虑。但挑战和困难其实也是一种机会，要知道，获得成功是要付出代价的，其中一个代价就是应该在与他人的交往上多下功夫。

也许你是世界上最好的教师、职员、工人，但是让你当校长、经理或其他负责人的时候，你可能就会感到不能胜任，从而陷入困境。因为处理众多的人事问题要比发挥个人的才能困难得多。作为领导，就更需要这方面的能力了。例如，你不仅自己要有献身精神，还要帮助大家解决困难，取得部下的信任和拥护。否则的话，你就会一事无成，所有这些挑战，你应该看作是获得了某种机会。

如果学会绵里藏针的幽默，可以帮助你接受挑战，并且在实践中获得成功。绵里藏针的幽默能使你轻松对待挫折和失败，从而使得自己和众人沟通顺利、和谐。

10. 答非所问，谐语连珠的幽默技巧

答非所问的幽默技巧中，蕴藏着人生哲理，妙趣横生。谐语连珠的幽默，使人思想乐观、心情愉快、意志坚定、消除疲劳，更能培养高尚的情趣。

可以说，哪里有幽默，哪里就有活跃的气氛；哪里有幽默，哪里就有笑声和成功的喜悦。事实上，现实生活中的人们也都喜欢与谈吐不俗、机智有趣者交往，而不喜欢与抑郁寡欢、孤僻离群的人接近。由此可见，幽默的好处多多，人们要学会并善于运用幽默才行。

我们都碰到过这样的事，当你问某人话的时候，他的回答与你的提问毫不相干且又充满着幽默，带来一场令人捧腹的哄堂大笑，这就是答非所问的幽默法。不过，使用这种幽默时要适度得当，任意地把一些毫无意义的语句拿来拼凑笑料，是起不到幽默效果的。假如在交谈中，有意识地答错对方所提出的问题，并且你的回答所带来的幽默感既风趣又无恶意，这样的答非所问是可以收到很好的诙谐效果的。

某君有一次出差在外时，心里惦记着家中的妻子，于是打电话回家。听到妻子接电话的声音，他迫不及待地问："老婆，你现在在做什么？"妻子说："我在和你通电话。"妻子这种答非所问的幽默感，给了他一个出门在外的好心情，办起事来也顺当多了。

其实，答非所问只是幽默的一种，而你的表情、手势、声音等，都可以作为增进幽默感的一种工具。为什么我们在看欧美电影或电视剧时，总感觉到他们不仅在对话，有时候某个眼神、手势或身体动作都充满着幽默感，就是这个原因。值得注意的是，虽然这种表达方式可以增加幽默感，但动作不能繁多，否则的话，可能收到适得其反的效果。

还有一种具有幽默表达的方式，这就是向别人揭自己的疮疤，即向别人述说自己失败的经验。这种说话的方式并不需要多么高深的技巧，只要你能将当时的情景向对方叙述，就可获得幽默的效果。

总之，使自己在尴尬中收拾残局的材料，都具有幽默的内容。当然，引用此类资料作为话题不可太随便，应该将自己的态度摆正。

美国的一位心理学教授也认为，幽默是文学与心理学相结合的与人友善相处的一种科学方法。在人际关系紧张且复杂化的情况下，幽默能缓和冲突，化解矛盾，使困难的工作得以顺利进行。既然幽默这么重要，我们每个人就都应该掌握一些谐语连珠的幽默技巧。

幽默的好处多多，主要有下列几项：缓解紧张，营造轻松、无负担的气氛；消除疲劳，使人顿觉轻松、愉快；使人际交往更加和谐；化危机为转机，突破困境、反败为胜。具体说来，答非所问的幽默技巧，到底都有什么特点值得我们研究、学习呢？

（1）答非所问的幽默技巧，可以消除尴尬。处在尴尬的场合时，幽默的语言只要轻轻扫过，会立即使气氛活跃起来，一扫彼此之间的难堪。

（2）答非所问的幽默技巧，能协助解决问题。以幽默的态度来解决问题，常会得到意想不到的效果，能使对方的不愉快和愤怒情绪一扫而光，甚至能使对方原谅你的小小不足之处。

（3）答非所问的幽默技巧，有助于达到自己的目的。当自己需要别人帮忙时，以幽默的请求要比央求或命令的效果好得多，甚至会改变某些人的敌对心理，使他在不愿意的情况下转而乐意为你服务。

（4）答非所问的幽默技巧，有利于活跃家庭生活。幽默走进家庭，能使家人之间更加愉快、融洽。例如，容易发生口角的夫妇，当妻子在盛怒之际，丈夫并不正面与她对抗，而是时不时地给她来点幽默，也许这种争执就会顷刻间化为乌有，妻子也会破涕为笑。

（5）答非所问的幽默技巧，能打破与异性的隔阂。以轻松活泼的幽默语言与异性接触容易提起话题，并使两者很快建立起友善的关系。

总而言之，答非所问的幽默技巧好处很多。善用它会使我们脚下的路越走越宽，使我们的工作、学习、生活更加轻松、丰富。生活实践告诉我们，幽默给予人们心理上的影响很大，它能使人们平静的生活充满情趣，是生活的润滑剂和开心果。

善用答非所问的幽默技巧的人不仅受人喜爱，更能获得别人的支持和帮助，做起事情来也往往事半功倍。幽默，使我们的人格更富于吸引人的魅力，朋友，学着用答非所问的幽默技巧去改造生活吧，相信它会给你带来无穷的欢乐！

第三章

幽默沟通法，是激活人际关系的磁场

幽默是赢得对方好感的最佳方式，而笑是全世界的通行语。幽默可以拉近与陌生人之间的距离；朋友间的幽默和玩笑则能让友情更加牢固；幽默还可使人巧妙应对别人的刁难，给互不相识的人生交际添加笑料。一句话，幽默是沟通友善的桥梁，是激活人际关系的磁场。

1. 幽默是增强你个人魅力的神器

在人际交往的过程中，一个幽默的人想必是最受朋友们欢迎的。在和朋友聊天交谈的时候，不时地讲一些笑话，或者幽默的谈吐再加上搞笑的肢体动作，一定会让朋友们忍俊不禁，并希望和你长期相处。

一次，鲁迅先生几个要好的朋友和他谈起国民党的一个地方官僚下令禁止男女同在一个学校上学，同在一个游泳池里游泳的事，鲁迅就幽默地说："同学同泳，皮肉偶尔相触，有伤男女大防，不过禁止之后，男女还是一同生活在天地中间，一同呼吸着天地中间的空气。空气从这个男人的鼻孔呼出来，被另一个女人的鼻孔吸进去了，淆乱乾坤，实在比皮肉相触还要坏。要彻底划清界限，不如再下一道命令，规定男女老幼，诸色人等，一律戴上防毒面具，既禁止空气流通，又防止抛头露面。这样，每个人都是……喏！喏！"鲁迅先生边说边站起来，模仿戴着防毒面具走路的样子来。朋友们笑得前仰后合。

鲁迅先生正是运用幽默的说法，让大家开怀一笑，同时说明了男人和女人不在一起上学，不在一起游泳是不可能的，如果直接说出来的话，想必大家都是很尴尬的，但他运用了幽默，效果则不一样了。

有一位伟大的思想家认为："幽默是智能、教养和道德感的表现。"幽默是一种品质和修养，也是一门艺术。幽默与诚实、道德、良知、真理息息相通，与虚伪、无情、不义、谬误格格不入，所以要让人喜欢与你交往、信任你，偶尔幽上一默，相信会为你的人生增添一抹亮彩。

如果你想在日常交往中，给人留下良好的第一印象，就要善于运用幽默的手段。不论在别人家做客，还是在自己家待客，幽默的气氛相信是我们每个人都需要的。当你走入室内，就要将你的幽默表现出来。一个面带怒容或神情抑郁的人，是永远都不会比一个面带微笑、风趣幽默的人更受欢迎的。

一天，玉枝去赴朋友张芸的家宴邀请，由于是初次到张芸家中做客，张芸的家人都显得有些紧张和拘束。

玉枝见状，幽默地说道："张芸邀请我来时，告诉我说：'你到了之后，只需用手肘按门铃即可。'我问她为什么非得用手肘按，她说：'你总不至于空手来吧？'"

这句玩笑话顿时把张芸和她的家人逗得哈哈大笑。

很多人之所以招人喜欢，让人愿意与其交往，不仅因为他是个极有才华的人，更主要的原因是由于他的幽默能够活跃气氛，给人留下深刻的印象和美好的回忆，使得彼此之间第一次交往变成朋友之间友好的聚会。

美国学者特鲁·赫伯告诉我们："要运用你的幽默力量去主动与人交往，在与人接触的最初那一刹那，幽默就已经帮你把自己的壳打碎了。"在现代社会中，也许因为竞争激烈、压力繁重的缘故，有时候人就像包裹在一个坚壳里一样，过于自我伪装，过于执着，人际关系也由此而矛盾丛生。每当你面临人际关系的种种烦恼和危机的时候，请不要忘记邀请"幽默"为你化解烦忧。

幽默给人以从容不迫的气度，更是魅力的象征。幽默永远是最具魅力的杀伤性武器，所以只要你经常开玩笑，自己的人格魅力一定会在不知不觉之中得到提升，最终成为最受欢迎的人。

2. 来点幽默，赢得他人好感不再是难事

如果你想在初次见面的时候，就给对方留下好感，为自己树立一个良好的社交形象，就应该尝试运用幽默的语言。

不要拘泥于自我意识之中，也不要生搬硬套别人的幽默，你应该发掘自身的幽默话题，并将幽默的谈吐不断地向更高层次升华，这样你才会成为一个具有幽默感的人。

幽默可以让人觉得醇香扑鼻，隽永甜美；可以把别人的心吸入你的幽默磁场，在一起笑的时候，使彼此的感情产生交流。只要稍稍留意，在生活中到处都有可以带给人们无穷乐趣的幽默故事。

但是，如果你不是一个善于在陌生人面前制造幽默气氛的人也没关系，教你几个小笑话，以后遇到新朋友没有话题的时候不妨拿出来调侃一番，必定会轻松赢得对方的好感。

笑话一：计算机考试，同学们陆续都来到考场，由于是公共课，参考的人比较多，教室里很乱。一个漂亮的女生坐下后，一个高大的男生也喘着粗气进了门，他左右看了看，准备从这个女生前面的座椅间穿过去，以便把书包放在窗台上。女生很紧张地说："对不

起,同学,这里有人了。"男生当时就怒了:"你是从来没上过课,还是来替考的?"女生也急了:"你说什么呀?你才是替考的呢?你考试考糊涂了吧!"男生气急败坏地说:"你才糊涂了,我是这门课的老师!"

笑话二:一位先生去朋友家做客,酒足饭饱后还没有离开的意思,主人家心里厌之,看到屋外树上有一只鸟儿,便对这位先生说:"我看下顿饭就这样弄:砍倒这棵树,然后捉住那只鸟,杀了炒菜,这样好吧?"这位先生听后,笑着说:"好是好,可是树还没砍倒,鸟儿不早飞走了?""不会的,这是只笨鸟,"主人也笑着答,"它不知道什么时候该离开呢。"

笑话三:3个犯了重罪的罪犯,都被判了20年的单独监禁。只允许他们每人带一样东西到牢房里去。第一个罪犯要求带一大堆书;第二个罪犯要求带他的妻子;第三个罪犯要求带200箱香烟。

20年之后,打开第一个罪犯的牢门。他走出来说道:"我一直非常努力地研究这些书,我现在完全可以成为一名律师。"

打开第二个罪犯的牢门,他和他的妻子一起走出来,他们已经有了5个孩子。他说:"这是我一生中最伟大的事情。我和我妻子从来没有如此亲近过。我有了一个美丽的新家,我爱它。"

打开第三个罪犯的牢门,他正用手摸着自己的口袋,问:"谁有火柴?"

笑话四:一个人上班快迟到了,就找到一个公用电话亭,给老板打电话说:"真对不起,我今天不舒服,想在家里休息一会儿……"正说着,一辆救护车尖叫着从旁边经过。"听上去很严重嘛。"老板气呼呼地挂上了电话。

笑话五：小瓜向来对研究生物很有兴趣。一次他把一只跳蚤的脚切掉两只，然后对着跳蚤说："跳呀！跳呀！"结果跳蚤依然会跳。他再切断两只，又对着跳蚤说："跳呀！跳呀！"

跳蚤依然照跳不误。接着他又再切断跳蚤的两只脚，然后又对跳蚤说："跳呀！跳呀！"这时跳蚤再也跳不动了。于是，他写下了心得："跳蚤在切断 6 只脚后，就变成聋子了。"

幽默是思想、学识、智慧和灵感的结晶，是一瞬间闪现的光彩夺目的火花。凡人的幽默，可以使愁眉不展者笑逐颜开，也可以使泪水盈眶者破涕而笑；可以为懒惰者带来活力，也可以为勤奋者驱除疲惫；可以为孤僻者增添情趣，也可以使欢乐者更加愉悦。

所以，不要在新朋友面前吝啬你的幽默，大方地讲出你收藏了多年的笑话吧，那会让你迅速获得陌生人的好感的！

3. 活跃气氛：在客套的寒暄中加点笑料

在陌生人之间初次见面的时候，自然少不了互通姓名，客套寒暄，但之后气氛容易沉闷。这时运用幽默语言，可使气氛活跃起来，双方交流很快就会变得轻松愉快了。

漫画家方成到山西省汾酒厂参观，厂方负责人迎上去说："欢迎欢迎，先生，久闻大名啊！"方成则笑着说："我是大闻酒名啊！"

方成将"久闻大名"几个字的顺序调换一下，并巧妙利用"久"与"酒"谐音，说出这句幽默机智的妙语，令人叫绝。短短的一句话，既表示出自己的谦逊之意，解除了被恭维的尴尬，又得体地赞美了对方，可称客套话中的上品。

在一次社交活动中，孙小海被女主人介绍给一位贵宾，双方客套几句后，女主人背过身去嘱咐孙小海说："说些中听的话。"声音虽然很低，但是那位贵宾显然听到了。

孙小海就很尴尬，他一时想不起什么"中听的话"，就对贵宾笑着说："我知道你正是那种不能随便奉承的人。"贵宾高兴地笑起来。

孙小海这句客套话虽没有包含什么实质性的恭维内容，却使对方获得了被夸赞的感受，机智而巧妙。

尚东亭到一个老乡家拜访，女主人指着旁边一个年轻姑娘问他："你还记得她是谁吗？"

尚东亭望着面前这个文静而秀气的姑娘，慌了，脑子里毫无印象，一时愣在那里不知说什么好。

女主人在一边说："别着急，再想想。"那位姑娘也期待地望着尚东亭。在这种情况下，如果依然说不记得她了，实在是过意不去。

于是，尚东亭又拼命想，可关于这个面孔的记忆仍是一片空白，最后只好摇摇头说："不记得了。"那位姑娘听了，十分失望和难堪。

女主人这才提醒尚东亭说："春天，香山，春游……"

尚东亭记忆的闸门这才突然打开。那年春天，他参加了一次在京老乡的活动，这位现在自己已认不出的姑娘也参加了，而且，从香山回来时，她坐在尚东亭的自行车后座上，他是冒着被警察罚款的危险把她带回来的，一路上还说了不少话。怎么就忘得这么快呢！

尚东亭想起这回事后，为了缓和刚才的气氛，他迅速调整了一下表情说："哎呀，原来是你呀！真对不住，没能马上想起来。不过这绝不能怨我，仅仅几个月的时间，没想到你的外貌竟会变化这么大。真的，你比那时又漂亮了一大截，女大十八变呀！"

幽默地以对方的发型、服饰发生变化为借口，夸赞对方一番。这是在想不起对方姓名时一个为自己解围的好方法，也会有效地减缓对方不愉快的心情。不管怎样，幽默的寒暄都好过尴尬的哑口无言。

4. 用幽默增强你的亲和力，拉近与陌生人间的距离

幽默感是一种人际间的润滑剂。与人交流的时候，偶尔幽上一默，不仅可以消除人与人之间的疏离感，还能达到融洽沟通的美好境界。

在我们的生活中，都曾有过大大小小的烦恼，这些烦恼往往使我们的心理失去平衡，或闷闷不乐，或满腹牢骚，或大发雷霆……这必将使身边的朋友远离我们。所以此时，我们最需要的是一股可以消除彼此之间疏离感的力量，那就是幽默感。

英国人富有智慧的民族性格，颇受世人的尊敬，因为他们很懂得善用他们的幽默感。丘吉尔爵士也是一个有名的幽默人物，在第二次世界大战期间，不管在多么艰难的情况下，他总不会忘记以幽默的方式来鼓励世人与其共同度过困局。在政治家的公开演说中，倘若演说者不懂得以幽默的话语来缓和演说会场的严肃气氛，就可能有被列为不具备政治家气质之虑，这一点可以说是英国的传统

风范。

许多政治家、教育家、艺术家、谈判家都知道,如果把幽默感的神奇力量注入潜意识之中,就可以使自己更容易赢得他人亲近,更富有人情味。幽默是一种积极生活态度的表现。偶尔幽上一默往往与乐观、愉快、希望等联系在一起。所以,生活中,人们往往更愿意接近幽默的人。

有一位保险行销人员向旅社的老板推销保险,当保险行销人员与那家旅馆老板在旅馆中进行磋商的时候,如同一般投保人的反应一样,那位老板这么对保险行销人员说"这件事情让我再考虑几天,因为我还需要和我的太太商量一下"。

保险行销人员在听完他的推托之词后,这样对他说:"来到贵店'太远',如是'太近'的话,多来几次也无妨。但是偏偏我却是身居在那遥远的台北……"原来这家旅馆名叫"泰远",与"太远"同音。听了这番话之后,那位老板随之就忍俊不禁,结果在那一天中他就谈成了这笔生意。

我们常常说某人很诙谐,指的就是这个人会开玩笑,会偶尔地幽上一默,而我们大家最喜欢的也就是这种类型的朋友。如果谁的朋友圈子里有这样的朋友出现,一定会被大家称为"开心果",想必每个人都会愿意与之亲近。

因为有幽默感的人往往能从平凡的小事中发现有趣、光明的一面,或是从最坏的情况下得到最大的满足感。英国幽默作家伍德豪斯说:可以使人开怀大笑的,就是幽默!幽默更是一种心智成熟的最佳表现。

偶尔幽上一默在人际交往中的作用是不可低估的。幽默可以使人际关系变得轻松、和谐、富有情趣，可以消除彼此之间的疏离感，让人们在一种轻松愉快的气氛中完成社交任务。

5. 主动制造笑料，以融洽彼此间的关系

幽默能给已经很好的关系锦上添花，能使尴尬的关系变得烟消云散，能使陌生人很快变得熟悉，关系变得融洽。

百货公司大减价，购货的人又推又挤的时候，每个人的脾气都犹如枪弹上膛，一触即发。有一位太太愤愤地对结账小姐说："幸好我没打算在你们这儿找'礼貌'，在这儿根本找不到。"结账小姐沉默了一会儿，说："你可不可以让我看看你的样品？"那位太太愣了片刻，笑了。一场冲突就这样被化解。

每一个有管理经验的人都知道，要想与身边的新下属关系更和谐，就有必要将自己的形象人性化，而幽默则是做到这一点的最好方法。

有一位年轻人新近当上了董事长。上任第一天，他召集公司职员开会。他自我介绍说："我是罗伯特，是你们的董事长。"然后打趣道，"我生来就是个管理人物，因为我是公司前董事长的儿子。"参加会议的人都笑了，他自己也笑了起来。他以幽默来证明他能以公正的态度来看待自己的地位，并对之具有充满人情味的理解。实际上他委婉地表示了：正因为如此，我更要跟你们一起好好地干，让你们改变对我的看法。

无疑罗伯特的幽默为自己与新下属的和谐关系开了一个好头。有时候，我们确实需要以幽默等有效的方式来表达人情味，给人们提供某种关怀、情感和温暖，就是所谓的"趣味思考法"——不要正面揭示或回答问题，而是用愉悦的、迂回的方式揭示或回答问题。

幽默作家班奇利，在一篇文章中谦虚地谈到他花了15年时间才发现自己没有写作的才能。结果一位读者来信对他说："你现在改行还来得及。"班奇利回信说："亲爱的，来不及了。我已无法放弃写作了，因为我太有名了。"这封信后来被刊登在报纸上，人们为之笑了很长时间。

班奇利没有指责那位直爽的读者，而是以令人愉悦的、迂回的方式回答了问题，既保护了读者可爱的自尊心，也维护了自己的荣誉。

但是，当我们想通过幽默来使自己与陌生人的关系更加和谐的时候，为了取得理想的幽默效果，一定要注意以下几点：

首先，幽默必须自然而真实。

我们经常看到和听到一些精明人的幽默言行。他们大多把幽默的力量运用得十分自如，真实而自然。没有耸人听闻，也不哗众取宠，更不是做戏。这是因为，他们都知道刻意说妙语和笑话，对个人形象的提升并无帮助。

其次，幽默也得有自己的限度。

幽默既要适时，又要适当。有一些自以为是的人，他们摇头晃脑、手势又多又复杂。有的人智力平平，却非要附庸风雅，企图以成串的笑料和廉价的笑来博得听众的欢心。他们硬要把自己塞进别人的肚子里，不顾别人是不是有这个胃口。结果人们会把他们当成马戏团的小丑。

墨西哥的威尔，他一心想得到某俱乐部主席的位置。他在一次对俱乐部成员的演说中，表现过了头，在不到两小时的演说过程中，他至少说了50则笑话，并配以丰富的表情和确实引人发笑的手势，听众们被逗得哈哈大笑。最后，在他讲完最后一则笑话时，有人大叫"再来一个！"

他也真的再来了一个，再次把人逗得疯狂大笑。但是他没有当上俱乐部主席，他的票数是候选人中的倒数第二。

当他闷闷不乐地走出俱乐部时，他问那位喊"再来一个"的听众："你说我比他们差吗？"

"不，一点也不差，"那人说，"你比他们有趣多了，你可以去当喜剧演员。"

最后，幽默从嘲笑自己开始。

嘲笑自己的观念、遭遇、缺点乃至失误，有时候还要笑笑自己的狼狈处境。如果你连自己都不敢嘲笑，你就没有权利和别人开玩笑。海利·福斯第说："笑的金科玉律是，不论你想笑别人怎样，先笑你自己。"

嘲笑自己的长相，或嘲笑自己做得不太漂亮的事情，会使你变得较有人性。如果你碰巧长得英俊或美丽，要感谢父母，同时也不妨让人轻松一下，试着找找自己的缺点。如果你真的没有什么有趣味的缺点，就去虚构一个，缺点通常不难找到。

许多著名人物，特别是演员，都以取笑自己来达到双方完满的沟通。他们利用一般人认为并不好看的外貌特征来开自己的玩笑。

具有幽默感的人，一般都能与人相处得很融洽，即使是初次见面的陌生人，也能与之保持和谐、愉快的交往。所以，要想掌握变陌生人为好朋友的本领，就要从学习幽默开始。

6. 在笑声中，让人心服口服

板着脸，摆事实讲道理，说服别人的效果不一定好，即便是表面上被说服了，常常也是口服心不服。有时候，轻松幽默的语言也许效果更好。幽默的人，往往更能在说服别人或者辩论的时候，让对方哑口无言。

南朝的范缜是运用幽默言语辩论的佼佼者，生活在佛教盛行的包围圈里，他以和迷信公开对立的身份，赖以幽默艺术，使自己立于不败之地。

一次，竟陵王萧子良为了打击范缜，请了许多名人高僧来摆阵挑战，会上萧子良用他早已准备好的问题首先出击："范先生不相信因果报应，那么人世间为什么会有富贵贫贱的差异？"按照萧子良的预谋，在众多权势者的威逼下，范缜是无法也不敢否认命运的。只要打开这一理论缺口，便可以进一步瓦解范缜《神灭论》的理论思想体系。殊不知范缜对他提出的问题，并不给予针锋相对的正面回答，而是从容不迫地打了一个比喻："人好比我们头顶这棵树上开出来的花，一阵风吹来，有的飘落在锦毯上，有的掉进了泥坑里，王爷就如同落在锦毯上的花，而我就如同掉进了泥坑里的花。"

范缜以落花喻人的差异，幽默风趣，因为所借喻之物本身含有褒贬之意，如果借喻物含有贬义，萧子良可能在理屈词穷的情况下，借故寻衅，以势压人。以花喻人，使萧子良无可挑剔，但实际上以落花来说明人本来都是一样的，由于社会的不公，才产生了地位的差异。话里蕴藏着对权贵者的极端蔑视，是一种外褒内贬软中带硬的反击。

萧子良为了鼓吹佛教的神力，对范缜再次发动攻击，指使了一个叫王琰的知名说客对范缜说："你不承认自己祖先的神灵，这样的子孙算是大逆不道。"

面对这种挑战，范缜完全可以据理驳斥，直接回击。因为王琰没有萧子良那样显赫的地位，不会罪咎犯上，但这样做，一是伤了和气，二是有失雅量。所以，范缜采用谬误反诘，慢条斯理地反问了一句："既然王先生认为祖先死后有神灵，为什么不杀身去侍奉？"

范缜的幽默反诘，使得他"辩摧众口，日服千人"，始终没有在理论上退却。

用风趣的语言说服别人接受自己的想法，不仅是幽默感的一种体现，更是智慧的表达。

这一天，小甘罗正在自家后花园里玩耍，忽然看见爷爷，就是当朝宰相走过来，他刚要喊爷爷，却发现爷爷不停地唉声叹气，像是有什么为难事。于是懂事的甘罗上前询问："爷爷，您遇到什么麻烦了？"

爷爷说："大王不知听了谁的挑唆，要吃公鸡下的蛋，命令满朝文武去找，要是3天内找不到，大家都得受罚。孩子呀，这公鸡如何下得了蛋！"

"大王也不能这么不讲理啊！"甘罗气呼呼地说。

爷爷无可奈何地摇摇头，甘罗突然眼睛一眨，想到了一个主意，说："爷爷您别急，我有办法了！"爷爷并不十分相信，但甘罗信心十足，并要求第二天替爷爷上朝。

第二天早上，甘罗真替爷爷上朝了。他不慌不忙地走进宫殿，向秦王施礼。秦王见是一个小孩，很轻视他，说道："小孩子上朝堂来干什么，叫你爷爷来！"

甘罗不急不慌地说："回禀大王，我爷爷今天来不了啦，他正在家生孩子呢，托我替他上朝来了。"

秦王一听了哈哈大笑："小孩子胡言乱语！男人怎么可能生孩子呢？"

甘罗趁机说道："既然大王知道男人不能生孩子，那公鸡怎么能下蛋呢？"

综观古今名人，凡是成就大事者，无不具有幽默的细胞。他们都有崇高的理想，渊博的学识，还有一颗宽广的心。其实，幽默不一定要使人捧腹大笑，也不一定要脍炙人口，有时一个小小的玩笑，就能让别人哑口无言。

赫尔岑是俄国著名的文学家、批评家，他年轻时，有一次去一个有钱朋友家赴宴，被宴会上演奏的所谓时下流行的音乐吵得非常难受，只好用手捂住耳朵。

他的朋友见此忙解释说："正在演奏的是流行音乐。"

"流行乐曲就一定高尚吗？这种曲子听了叫人受不了！"赫尔岑反问道。

朋友听了很不服气："不高尚怎么能流行？"赫尔岑紧接着反驳："那么流行性感冒也是高尚的了？"

朋友被这一番话说得哑口无言，无从反驳。

赫尔岑借用其他事物来说明道理，幽默风趣，曲折迂回地表明了自己的态度，又没伤害到双方关系。这种借机巧言的幽默方式在社交活动中广泛运用，适当地调解了人与人之间的关系，拉近了双方的距离，这也是一种特殊情况下的语言表达方式。

幽默不仅能营造轻松的社交氛围，而且在辩论或说服中发挥着不容忽视的作用。它能以诙谐逗趣的方式，暗示事物的本质，达到明辨是非的目的。

7. 开个小玩笑，表达出你的友善

真正的幽默绝非低级趣味，在与人相处的过程中，幽默既要得体又要让对方体会到自己是在明确地示好。如果运用得好，友善的幽默会在第一时间营造出一个愉悦的交际氛围。

金庸不仅小说风靡一个时代，他说话也常常让人忍俊不禁。他喜欢开车，更喜欢开跑车。曾有人问他："你开跑车超不超车？"金庸答："当然超车，逢电车，必超车！"闻者无不绝倒。

金庸号称"从未醉过"。很多人以为他酒量过人，而实际情形是他很少喝酒，或喝得很少，那当然不会醉。他曾对一位女孩子说："你的美丽增长率最高。"女孩听后大喜，思索片刻猛然醒悟，原来金庸是暗示她小时候长得难看。

在人际交往中，我们轻松幽默地开个友善的玩笑，可以松弛神经，活跃气氛，营造出一个适于交际的轻松愉快的氛围，因而幽默的人常常受到人们的欢迎与喜爱。但是，玩笑一旦开得不好，幽默过了头，友善的愿望就会适得其反。因此掌握幽默的分寸是非常重要的。

首先，友善的态度是幽默的前提。

友善的幽默是感情互相交流传递的过程。如果抱着借幽默来达到对别人冷嘲热讽、发泄内心厌恶和不满感情的目的，那么这种玩笑就不能称为幽默。当然，也许有些人不如你口齿伶俐，表面上你占到上风，但别人一定会认为你不够尊重他人，以后也不会愿意和你继续交往。

其次，要分清幽默的对象。

我们身边的每个人，因为身份、性格和心情的不同，对幽默的承受能力也有差异。同样一个玩笑，能对甲开，不一定能对乙开。一般来说，晚辈不宜同前辈开玩笑；下级不宜同上级开玩笑；男性不宜同女性开玩笑。在同辈人之间开玩笑，也要注意对方的情绪和性格特征。如果对方性格外向，宽容能忍耐，幽默稍微过大也无妨；若对方性格内向，喜欢琢磨言外之意，幽默就要慎重了。对方尽管平时性情开朗，但若恰好碰上不愉快或伤心之事，就不能随便与之幽默。相反，对方性格内向，但正好喜事临门，此时与他开个玩笑，友善的幽默氛围也会一下子突现出来。

最后，高雅的内容也很必要。

友善幽默的内容取决于幽默者的思想情趣与文化修养。幽默内容粗俗或不雅，有时也能博人一笑，但过后就会使人感到乏味无聊。只有内容健康、格调高雅的幽默，才能给人以启迪和精神享受，而且也是对自己美好形象的成功塑造。

友善的幽默要精练，不能用太多琐碎的词语，要删繁就简、点到为止，以免影响理解和欣赏效果。因此，真正友善的幽默是诙谐而不失度，滑稽而不粗俗，精练而不烦冗，简约而又得当。只有这样，才能为我们营造出一个愉悦的交际氛围。

8. 既不伤面子又不伤和气的幽默拒绝法

有时候，面对朋友的请求，我们不得不拒绝，如何说"不"才能既达到自己的目的，又不伤害朋友之间的和气呢？这种情况下，幽默就可以发挥它的作用了。用幽默的语言拒绝对方，显得婉转、含蓄，更容易被朋友所接受。

意大利音乐家罗西尼生于1792年2月29日。因为每4年才有一个闰年，所以等他过第18个生日时，他已经72岁了。在他过生日的前一天，一些朋友告诉他，他们筹集了两万法郎，准备为他立一座纪念碑。罗西尼听完后说："浪费钱财！给我这笔钱，我自己站在那里好了！"

罗西尼本不同意朋友们的做法，但又不好直接拒绝，于是提出了一个不切实际的想法，含蓄地拒绝了朋友们的要求，又不会伤害朋友的好意，可见幽默风趣的拒绝也是一门艺术。无论别人对你的要求是听从还是反对，你都有权利说"不"，只有这样，你才能顾及自己的实际情况，同时以真诚的态度面对对方。

1934年，《人世间》杂志开辟了"作家访问记"专栏，并配合刊出接受采访的作家的肖像。该杂志的编辑写信给鲁迅，要求应允前去采访,并以书房为背景拍一张照片,再拍一张鲁迅与许广平、周海婴的合照。鲁迅写了一封十分幽默的信予以拒绝:"作家之名颇美,昔不自重,曾以为不妨滥竽其列。近来稍稍醒悟,已羞言之。头脑里并无思想,寓中亦无书斋,'夫人及公子'更与文坛无涉,雅命三种,皆不敢承。倘先生他日另作'伪作家小传'时,当罗列图书,摆起架子,扫地欢迎也。"

风趣幽默的话语,既能让朋友有一个台阶下,不至于让对方产生抗拒心理,也很好地坚守了自己的原则。可见幽默是个很好的拒绝他人的方式,它可以在不伤害朋友的前提下,回避那些无法回答的问题。当然,在面对一些无理或是莫名其妙的要求时,我们也可以用幽默的语言来拒绝。

当你以幽默的语言去拒绝自己力不能及的事情的时候,很自然地就会产生愉悦的笑声。

在一个酒吧里,一位朋友劝说另一位朋友喝酒。

汤姆:"威士忌加点水,好吗?"

彼得:"谢谢!我可以喝点别的饮料吗?"

汤姆:"当然可以。不喜欢威士忌吗?"

彼得:"我好像还没有品尝出威士忌的妙处,大概是还没长大吧!"

汤姆:"那么,要喝点什么?"

彼得:"我喜欢凤梨这些水果掺在一块的综合果汁。"

会话在轻松的气氛中进行,自然能够营造出快乐的氛围。虽然是同样的意思,如果说"这个我不喜欢"或是"那个我不喜欢",感觉上则相差甚远。

一个人要会说"好",也要在该拒绝的时候会说"不"。不会说"不",你会变成一个不情愿的奴隶,你会成为别人的需要和欲望下的牺牲品。面对一些无理的要求,如果明言拒绝,会让人难堪。如果运用幽默委婉的语言拒绝,就能既表达自己的拒绝意图,又使对方乐于接受。

在日常的人际交往中,热情地帮助别人,对别人的困难有求必应,是应该的。但是我们一定要量力而行,如果遇到做不到的事情,就要学会怎么拒绝。如果直截了当地说"不",会使寻求帮助的人感到失望和尴尬;一个合乎对方期望的回答,即使是拒绝,也能让对方很容易地接受。那么我们就可以采取幽默的方式,既不伤和气,同时也能巧妙拒绝自己无能为力的要求。

9. 幽默出口前,要先看场合和对象

尽管幽默的力量很神奇,但它并不适用于生活中的每一个场合,只有当时机恰当的时候,我们才应该去用它。如果场合不对,玩笑则不仅无法达到效果,而且还可能触及别人的痛处,乃至引起别人的反感。

比如朋友正为失去亲人而伤心,你对在灵前落泪的朋友说:"去世的那位先生一定是个个性强硬的人,你看,他现在从头到脚都是僵硬的。"这番幽默肯定会受到痛斥。

不合时宜的幽默,无疑会引起别人的误解,甚至是怨恨,这会

严重影响你的个人形象。

毫无疑问，讲究场合，才能把幽默运用得更加恰如其分。如果你仅仅把讲究时机作为使用幽默语言的准则，那就太狭隘了，因为要想成功地使用幽默，在讲究时机的同时还应当注意大环境。

很多场合、时间其实都是不适合开玩笑的。比如，在发生重大事件的严肃场合，或者在葬礼上，等等。在庄重的社交活动中，任何戏谑的话语都可能招来非议。

在本该严肃的场合，如果你幽默起来没边没际，太过夸张，为追求效果而手舞足蹈、脱离自己的平常个性，也会让人反感，人家会觉得你虚伪浮躁，不够稳重。

当然，不仅有些场合需要慎用你的幽默，很多时候还得注意对象。俗语说"一种米养百样人"，曾经不止一位幽默理论家这样告诫我们：观察对方的个性、好恶和心情，乃成功施展幽默的窍门。因此，在社会交际中，要视对象的不同，注意把握分寸，才能收到好的效果。

你喜欢对人开玩笑吗？社会生活急剧加快，生活压力也随之增大，朋友、同事之间相互调侃、开开玩笑，或许是放松自己、改善同事关系的一剂良药，但是开玩笑可不是闹着玩儿的事，搞不好玩笑就变成了"完笑"。有人深有感触地说，办公室玩笑是人际关系的润滑剂，也是惹祸上身的导火索，开不开还得要因人而异，因场合而异。

比如，在你没有确定你周围的同事里谁是讨厌开玩笑的人之前，提醒你还是要小心一些。即便是接受玩笑，你非常了解的同事，心情也是有阴晴冷暖的起伏的，所以在你的玩笑出口前，最好看看同事的"晴雨表"。

生活中，虽然有62%的人认为玩笑没关系，大家打哈哈，无伤大雅，也有48%的人说有时好的玩笑是人际关系的润滑剂，但到了老板面前，这些数据都有些缩水。归根到底，老板就是老板，即便你们关系不错，也要避免嘻嘻哈哈，特别是在有旁人在场的情况下，为了维护老板的尊严，应格外注意。

有些管理者在工作中经常运用幽默能使人感到亲切自然，进而充分体会工作的愉悦。但是一个管理者也应该避免利用玩笑讽刺下属，那样只会让下属产生反感，对实现管理目标没有丝毫帮助。

的确，社会中每个成员的性格、心理、教养都不尽相同，意趣更为千差万别，假如你对幽默参与者的个性不够了解，那么你苦心经营的幽默必会报废不少。比如一些关于盲人的幽默，对于真正的盲人就不适宜了。在社交生活中，我们应根据具体的环境、对象和氛围，采用适当的形式来表达出恰当的幽默。

一男一女同时走到大厦的门口，这位男士开门让女士先进去。

"我虽然是女人，但我具有和男人一样的智慧和财富，所以你没有必要开门让我先进！"女士有些高傲。

"不，夫人，"男士回答，"我为您开门，是出于尊重你是个长者。"

可想而知，接下来这位女士一定会大发雷霆，因为我们都知道，女人是最在意自己的年龄的，说一位女士是长者无异于在说她长得显老，她怎么会不愤怒呢，这就是没有区分对象开玩笑的结果。

玩笑开得不当，会导致很严重的后果，所以开玩笑一定要分场合，如果要开，最好是选当事人也在的场合，这样，一不容易造成曲解，二不容易造成误传。如果当事人不在场，最好不要开他/她的玩笑，因为当玩笑传到他/她的耳中时，很可能已经变了味道。

10. 尴尬的玩笑，最好别开

与人交谈，适度、得体地开个玩笑，幽默一下，可以使周围的人松弛自在，并能营造出适于交际的轻松活跃的气氛，这也是具有幽默感的人更受人欢迎的原因。可是，假若我们没有掌握好幽默的尺度或玩笑过度，不但达不到预期的效果，还会让人尴尬，这样的玩笑不如不开。

中国古代的大美人褒姒，她是周幽王非常宠爱的妃子。周幽王为博得美人一笑，竟玩儿了个"烽火戏诸侯"的把戏，结果让诸侯们深感尴尬，以致最终亡国。

与中国古代的周幽王相比，远在太平洋彼岸的美国前总统里根也不逊色。他也因在不适当的场合展示所谓的幽默而造成了严重的后果。

里根有一次在国会开会前，为了试试麦克风是否好使，张口便说："先生们请注意，5分钟之后，我将宣布对苏联进行轰炸。"此语一出，顿时全场哗然。里根在错误的场合和时间之下开了一个极为荒唐的玩笑。为此，苏联政府提出了强烈抗议，令美苏局面尴尬。

这种让人尴尬的玩笑，就像我们小时候听过的"狼来了"的故事一样。自己以为是在调侃别人，其实，最后陷于尴尬境地的人，只会是自己。

玩笑不是随便开的，要注意场合，其实，幽默就犹如音乐是给会欣赏音乐的人听的，绘画是给会品味绘画的人看的一样，一定要合时宜，否则尴尬的幽默只会造成谈话双方的难堪。

11. 妙用幽默，巧夸朋友

不要以为朋友间就不需要赞美，相反，越是亲密的朋友我们越是不能忽略，还要适时地赞扬对方。因为幽默的赞美不仅能改善人际关系，而且能改变一个人的精神面貌和情感世界。

几个朋友聚在一起，酒席上觥筹交错。一人扯起话题："张兄，近来可有新作？"不待姓张的回答，另一位说："李兄，这还要问吗？张兄才思敏捷，文采过人，又勤于诗书，怎会无大作出来。"张兄听了，心里十分高兴，口上却说："孙兄言重了，几篇文章算什么，百行孝为先，孙兄的美名，已远播百里……"

赞美并不难，但要和幽默结合起来，就要讲究一定的方法了。如果方法不得当，不但达不到聚集人气的目的，反而会引起别人的反感。

(1) 幽默的赞美要坦诚得体，必须说中对方的长处

赞美的首要条件，要有一份诚挚的心意及认真的态度。言辞会反映一个人的心理，因而轻率的说话态度，会让对方产生不快的感觉。赞美也不要太离谱，这样别人会觉得你太虚伪。

初次见面，适当地恭维人家是有礼貌有教养的表现，不仅可以获得别人好感，而且还可以和对方在心理上和情感上靠拢，缩短彼此之间的距离。

1987年4月底，欧阳奋强到香港参加电视剧《红楼梦》首映式。他是饰演贾宝玉的演员，一踏进机场休息室，亚洲电视台演员方国姗就挤到他身边，热情地说："你是欧阳奋强吗？我叫方国姗。他们都说我长得像你。""方小姐比我长得漂亮多了。"欧阳奋强说。艺员领班高先生风趣地说："方小姐可是香港的贾宝玉呀。"

这番相互赞美的话十分自然贴切，使迎接的气氛十分热情而和谐。

(2) 幽默地称赞对方道德上的完美

赞美可以有多方面的赞美，但是如果你把对方说成是道德上的完人比称赞他的衣饰得体更有效果。

有一位母亲在和别人聊天的时候，谈起自己的儿子。

她的儿子有一个简单得不能再简单的要求，想求母亲为他买一条牛仔裤，但儿子怕遭到母亲的拒绝，因为他已经有了一条牛仔裤了。在这种情况下，母亲是不可能满足他所有的要求的。于是儿子采用了一种独特的方式，他没有像其他孩子那样苦苦哀求或撒泼耍赖，而是一本正经地对母亲说："妈妈，你是世界上最好的妈妈，你见没见过一个孩子，他只有一条牛仔裤。"

这颇为天真而略带谋略式的问话，一下子打动了母亲。此时，这位母亲谈起这事，说出了自己当时的感受："儿子的话让我觉得若不答应他的要求，简直有点对不起他，哪怕在自己身上少花点，也不能太委屈了孩子。"

一个小孩子，用一句话就说服了母亲，满足了自己的需要，他从母子道义上刺激母亲，让母亲觉得儿子的要求是合情合理的，而不是过分的。这种事例在日常生活中还有很多很多，也许当事人自己都没有感觉到什么特殊之处，但又确实达到了办事的目的。

(3) 幽默地标榜对方无所不能

如果一个人在另一个人的眼中无所不能，相求办事时会有什么样的效果呢？

美国黑人富豪约翰逊要修建一座办公楼，但在资金上还有300万美元的空缺，他出入多家银行都没有贷到这笔款。

在建造开工后所剩的钱仅够再维持一个星期的时候，约翰逊约一家银行的主管一起吃饭。席间，银行主管对约翰逊说："在这儿我们不便谈，明天到我的办公室来谈吧。"

第二天，当约翰逊确定该银行很有希望给他抵押借款时，他说："好极了，唯一的问题是今天我就要拿到贷款。"

"你一定在开玩笑，我们从来没有一天之内就能办妥这样的事的先例。"银行主管说。

约翰逊把椅子拉近说："你是这个部门的主管，也许你应该试试看你有无足够的权力把这件事在一天之内办妥？"

对方微笑着说："你这是逼我上梁山，不过，还是让我试一试看。"

这个银行主管试过以后，本来他认为办不到的事终于办到了，约翰逊也在钱花光之前拿到了这笔贷款。

每个人都对别人有一份期待，希望得到尊重，希望自己应有的地位和荣誉得到肯定和巩固。恰如其分的赞美正好可以满足大家的这个心理，你赞美了别人，别人也会回敬你，彼此的感情世界都可以得到满足，友情也会在不知不觉中得到升华。

12. 用幽默为赞美加分：从细节出发更深入人心

如何能在嬉笑怒骂间增进朋友间的友谊，获得良好的人际关系呢？如果你想要达到如上目的，就要于细微之处下功夫，不忽略你身边每一件值得赞美的小事。

很多人都精通赞美之词，但是，大多数人却又不愿意在小事上去赞美别人，只是认为遇到大事、重要的事时，才有赞美的必要。事实上，这是现实生活中的重重障碍遮住了他们的视线，让他们看不到小事也有值得赞美的闪光点。

张先生和自己的夫人带着一位翻译同一位外商洽谈生意。外商见到张先生的夫人后，便夸赞道："你的夫人真是太漂亮了！"

张先生客气地说道："哪里，哪里。"

翻译一听，心想怎么翻译"哪里，哪里"呢？最后，他翻译成："Where，Where？"

外商一听，心想："说你夫人漂亮就是漂亮呗，还非要问具体漂亮在哪里？"于是，笑着回答："你的夫人眼睛又圆又亮，气质出众……"

说完，大家哈哈大笑起来，商业洽谈在愉快的氛围中开始了。

这虽然是一则笑谈，但是却给我们以启发：当你赞美别人时，一定要重小事、抓细节，只有这样你的赞美才会因具体化而抓住对方的心，甚至产生神奇的效果。

要学会赞美别人，改善你的人际关系，就要学会从小事开始赞美别人，做一个有心之人，善于发掘赞美的材料，看到小事背后的重大意义。如果你没有一双识别它们的慧眼，它们可能就会永远被埋在琐碎之中。

张志强乘出租车时，赞美司机驾驶技术高超："这么难拐的弯儿，您一把轮儿后都不用修正，真是不简单！"司机师傅听后心花怒放，最后结账时，非要把一块多的车费零头给抹了。

一个中学生中午去麦当劳买冰激凌时对服务员说："姐姐，我们同学都说你给的冰激凌又大又好……"结果，那位服务员给的圆桶冰激凌多得快要溢出来了。

夏韦洁在饭店吃饭，看到服务员端上来一盘精致的菜肴，禁不住赞美道："这萝卜刻的牡丹花像真的一样！"此话传到了厨师那里，最后，那位厨师亲自出来，非要送她一个萝卜刻的孔雀，夏韦洁欣然接受了。

实际上，我们的生活就是由无数的小事和有限的大事组成的。如果我们只是睁大眼睛注视大事，忽略小事，那么你是否发觉生活在很大程度上是空虚的呢？相反，如果我们都能去关注发生在自己周围的一些小事，去发掘一滴水中的世界，那么在彼此的赞美声中，我们所获得的就是世间荡漾着的温情。

很多人都不能正视别人的小成绩，还有些人是胸怀"治国济天下"的大志，却眼高手低，对眼前的小事、细节不以为然，认为那些事只是普普通通的，没什么了不起。这些态度都是因为我们不懂得赞美的分寸造成的。

赞美要具体，不能含糊其词，否则可能会让对方感到混乱和窘迫。赞美越具体，说明你对被赞美者越了解，也更容易让对方接受你的赞美。

克莱斯勒公司为罗斯福总统制造了一辆汽车，因为他下肢瘫痪，不能驾驶普通的小汽车。工程师将汽车送到白宫，总统立即对它产生了极大的兴趣："我觉得简直不可思议，只需按按钮，车子就能跑起来，真是太奇妙了！"

他的朋友们也在一旁欣赏汽车，总统当着大家的面夸奖："我真感激你们花费时间和精力研制了这辆车，这是件了不起的事！"总统接着赞赏了汽车的散热器、车灯等。也就是说，他提到了车的每一个细节，并坚持让夫人和他的朋友们注意这些装置。这些具体的赞美，让人感到了他的真心和诚意。

赞美应该是恰如其分的，具体的，不空泛、不夸大、不含糊。而且，所要赞美的事情也并非一定是大事，即使是别人的一个很小的优点，也要给予恰如其分的赞美。

有一位先生，听说外国人都喜欢听别人的赞美，尤其是女士，最喜欢听别人说她漂亮。后来，他出国了，便想试着去赞美别人。

一次，他去逛超市，迎面走来一位很胖的妇女。他习惯性地对这位妇女说："女士，您真是太漂亮了！"不料，这位妇女狠狠地瞪了他一眼，毫不客气地说："先生，你是不是离家太久了？"

赞美要实事求是。真正的赞美，是有根有据的。如果言过其实，或言不由衷，对方也会怀疑你的真实目的。

如果我们对一位清洁工人这样赞美："您真是一位成功人士啊！

你具有非凡的气质,您是一位伟大的人!"对方一定会认为我们精神有问题,因为这些话好像和他没有一点关系。唯有实事求是地去赞美他人,才能抓住对方的心,才能获得对方的好感,改善人际关系。

赞美的目的是要对对方表示一种肯定和欣赏,让对方能从我们的话中领会这些含义。然而若是赞美不当,就如同隔靴搔痒,不仅起不到好的作用,反而更会引起对方的反感。

第四章

关键时刻，
妙用幽默来化解尴尬、制造快乐

　　生活中，幽默是摆脱尴尬窘境的妙方。在与人交往中，无论是自己，还是别人，难免会出现说错话、做错事的情况，这个时候，如果我们能够巧妙地运用幽默，不仅可以显示我们高超的智慧，还可以充分地显示我们的人格魅力。学会了幽默，可以巧妙地为自己和他人化解难堪，可以为生活增添更多的笑声，可以让人际关系更加融洽。

1. 伸手不打笑脸人：巧用幽默化解怒气

当人们在面对一个幽默、风趣的人的时候，总是愿意把他想象成待人宽厚、与人为善的，所以才会有了"伸手不打笑脸人"的说法。的确，我们与别人即使发生了不愉快，但看到对方亲切的笑脸，听到对方讨好的玩笑，也就不会多做计较了。

爱迪生致力于发明电灯时，有一位缺乏想象又毫无幽默感的人取笑他说："先生，你已经失败了1200次啦。"爱迪生回答说："我的成功之处就在于发现了1200种材料不适合做灯丝！"说完，他自己纵声大笑起来。这句妙语后来举世皆知。

爱迪生以笑容和幽默面对困难重重的科学发明事业，不断激励自己，既不为失败而忧心忡忡，也不为世人的讽刺挖苦而感到焦虑、困惑，最终发挥出了卓绝的创造力。

在言谈中，偶尔会蹦出令人难堪的言语，听者脸色一沉，你大可以微笑着说道："哎，我真是个粗陋的人，肚子里的脏话总消灭不了，诸位多原谅。"一句幽默，便可使对方怒气全消，不再介意。或者双方争论时你有点激动，措辞生硬，声音太大，对方已显不悦。你要赶紧幽默地调侃一下："对不起，我这个人容易激动，刚才真成了一只斗鸡了。"对方定会在你的玩笑中，转怒为喜。

幽默的人遇事总是退避三舍，即使受到不公平的待遇或遭到令常人难以忍受的冤屈，往往也不会怨恨得咬牙切齿，愤怒得破口大骂。他们会以独有的宽容的方式来做出回击，也许就是带一点嘲讽的自嘲。这样，他们往往就成了更高层次上的胜利者。

萧伯纳是位幽默家，当他的新作初次上演时，受到观众热烈喝彩。萧伯纳也在座，但他旁边的一位观众却对萧伯纳这部新作的演出评价说："糟透了。"萧伯纳听到后，对他说："我的意见和你一样，但是我们两个人反对那么多的观众，有什么用呢！"

幽默绝不单纯只是用来躲避麻烦、殷勤谄媚。擅长幽默的人，必定同时具有知识和机智两方面的优势。它的作用也不单纯在于揭露，而且可以化解隔阂，避免矛盾进一步激化。

幽默是一种高级的智力活动，它能化解对方心中的怒火，让尴尬的气氛恢复融洽。在日常的人际交往中，人们往往不喜欢冷冰冰的人，有的人则能够用一些既富有情趣，又富有哲理的小幽默来使交往变得自然顺畅。

一位花白头发、仪表非凡的人走向一家商厦的大门。有个年轻女子同时到达，他替她拉开门。她说："别因为我是女人而替我开门。"那人沉默片刻之后说："我替你开门，并非因为你是女人，而是因为我是男人。"

人际关系中，大多数情形是比较平和的，即使存在暂时的矛盾，不到万不得已，人们也不会喜欢将它公开化，激化矛盾是不可取的。一时冲动做出的决定，极易留下无穷的隐患。而面带笑意地幽默一下，却往往胜过费尽心机的辩解，而且能够在这种情况下保持神志清醒，并能够用轻松的话语进行调侃，本身就显示了优雅的人格魅力。

一家饭店的卫生不合格，顾客经常在用餐时发生不愉快的现象。

一次，一位顾客在吃饭时，竟然在碗里发现了一根头发，于是把服务员叫来，问道："你们餐厅是不是换新厨师了？"

服务员很诧异："你怎么知道的？"

顾客："当然知道啦，平日的汤里总有一根白头发，今天的碗里是根黑头发。"

服务员灵机一动，脱口而出："先生，您说的可能是以前的情况，可是现在我们的厨师是一位秃子。"

这位顾客非常聪明地发挥了他的幽默，既向对方委婉地表达了自己对该餐厅饭菜卫生的意见，又给对方留了面子，使他们不至于恼羞成怒。而更绝的是该餐厅的服务员，又用幽默成功地帮助他走出了尴尬，在一片欢笑声中避免了一场口舌干戈。

日常生活中，我们常常会遇到一些错误的时间里发生的错误的事情，我们应该用什么态度来对待它们呢？智者的答案是幽默。适时地幽默一番，以笑脸相迎，获得谅解应该不难。这就像两个打架的人，一个突然倒地自认不是对手，如果对方不是无赖恶棍，一般便会又好气又好笑地敌意顿消。没有人会为难幽默的人，即使他有错，别人也会在他的笑脸上找到原谅他的理由。

2. 让幽默帮你实现大逆转

幽默是一种内在的机智与诙谐的才华，是一种能够轻松地再现审美客体喜剧性的能力，是审美客体由于理性的倒错而产生的某种使人经过回味、咀嚼而发笑的滋味或情境。而幽默者，即使身处困境，也能利用幽默创造峰回路转的契机，从危险的境地中脱身，创造性地、完善地解决问题。

有一次，一位顾客在一家有名的饭店点了一只油氽龙虾。但当菜上来以后，顾客发现盘中的龙虾少了一只虾螯。这位顾客很不高兴。

服务员抱歉地说："对不起，您是知道的，龙虾是一种残忍的动物。这只龙虾一定是在和它的同类打架时被咬掉了一只螯。"顾客巧妙地回答："那么请调换一下，把那只打胜的给我。"

服务生和顾客双方都用幽默的表达方式，委婉地指出双方存在的分歧。这种方式不取笑、不批评他人，没有伤及他人的自尊，既保全了餐馆的声誉，也维护了顾客的利益。看来，有时候用幽默确实能有效地帮助我们摆脱困境。当你遇到急迫而又棘手的问题时，懂得机智应变，说上一两句幽默的话，就能让自己立于不败之地。而即使是被你惹恼的对方，也会因为你的诙谐有趣而打消与你一决高下的念头。

不仅如此，恰当的幽默有时还能使你摆脱一些很棘手的麻烦，让你安享快乐人生。

有这样一个官司：因为有一条疯狗扑向一个农民，农民忍无可忍，用粪叉打死了那条狗。狗的主人把农民告到法院，要求农民赔偿他的狗。

法官说："你要是把叉子倒过来，用没有尖刺的那一头，不就没这事儿了吗？"农民回答道："您说得很对，法官先生，要是那条狗也倒着向我扑过来，我当然会这样做的！"最后，这个农民被判无罪。

人生在世，不如意事常八九，愚者徒增烦恼，智者能淡然处之，利用自己的智慧和幽默，化烦恼为乐趣。幽默具有神奇的魔力：可以使愁眉不展者笑逐颜开，也可以使泪水盈眶者破涕为笑；可以为懒惰者带来活力，也可以为勤奋者驱散疲惫；可以为孤僻者增添情趣，也可以使欢乐者更愉悦。更加化腐朽为神奇的是，它能帮助我们从尴尬的困境中脱身。

古代有个姓邹的官员。有一次，邹大人经过一条偏僻的小巷。一个妇女正在用竹竿晒衣，一不小心，竹竿脱手，掉在了邹大人的头上，邹大人立刻大怒。该妇女一看竟是邹大人，吓得魂不附体。不过，她很快镇定下来，正色道："你这副凶相，活像是个行伍出身之人，蛮横无礼。你可知道我们县里有个邹大人，清廉正直，要是我告诉他老人家，怕要砍了你的脑袋！"邹大人听到这位女子在夸奖自己，马上转怒为喜，心平气和地走了。

这位女子不小心冒犯了邹大人，待其要发火之时，并没有被吓倒，反而极有心计地从容周旋。表面上，她是在赞美心中的官员，其实是在指责邹大人度量狭小，绕着弯子达到了目的，还平息了邹大人的心头之火，使其转怒为喜，带着微笑满意地离开了。

在当今快节奏的社会中，人人都可能会面对各种各样的困境和压力，这些困境和压力得不到及时缓解就会使人显得萎靡不振。所以，恰当的幽默就显得越来越重要。它是快乐的杠杆，是生活幸福的源泉，是社交的润滑剂，也是缓解困境、解除烦恼的最好办法。如果你天生就有幽默感，那一定要发扬它，因为这无疑是一种优秀的品质，也是塑造你成功形象和拥有美好人生的一个重要因素。

3. 妙用幽默，让你摆脱糗事的困扰

幽默是机智、成熟的象征，更会给人以从容不迫的感觉，你不必为自己的幽默感贫乏而懊恼，只要你能掌握一点：含蓄而温和地开玩笑，用幽默的暗示达到自己的目的，你也可以成为一个能用幽默化解尴尬窘态的幽默专家。

有时候我们会遇到一些不友善的行为，对于这样的行为，如果实在忍无可忍，可以选择用模仿式的幽默来应对。这样既不会显得太过犀利，也能达到很好的反击目的。模仿式幽默就是故意模仿或者套用对方行为和说话的方式，来达到回击对方的效果。这种方式还有一种最大的好处就是简单易行。

一个富人在自家门口看到有一个人骑马走过。富人为了找乐子，于是，就站在大门口大声喊道："喂！饿了吧？吃个馒头再赶路吧！"

骑马人以为富人是出于好意，于是急忙从马上下来，作揖道：

"谢谢您的好意!"

没想到富人却说道:"我没有和你说话,我是在和你的马说话呢!"说完之后,哈哈大笑起来。

骑马人闻听此言,猛地转过身去,狠狠地对着马骂道:"你这个畜生,出门的时候也不告诉我一声你在这里还有个亲戚,现在倒好,有人好心好意地请你吃起馒头来了!"

富人听后很生气,意识到对方是在贬损自己,厉声喝道:"你这是骂谁呢?"

骑马人回过头来笑道:"莫要生气,我没有和你说话,我是在和我的马说话呢!"说罢,还在马身上狠狠地拍了两巴掌,说道:"看你以后还敢不敢再知情不报!"

富人这时已经气得吹胡子瞪眼,再也说不出话来了。

这里的骑马人就是运用了超强的模仿能力,巧借教训马的机会,狠狠地反击了富人的不怀好意,让对方吃了一个哑巴亏。如果这种幽默方式运用得恰当到位的话,还能够迅速地让对方知难而退,避免许多不必要的麻烦。

春节期间的列车上,特别拥挤。张可楠中途上车,见对面两张座位上坐着3个年轻小伙子,边座空着,张可楠就走了过去,问:"师傅,这儿没人吧?"其中一个小伙子说:"没有。"张可楠于是放下了东西,准备就座。

就在这时,空座里面的那个男青年突然把腿放到了张可楠准备坐的座位上。张可楠当时一愣,问:"你这是为什么?"

那个男青年戏谑地说:"因为你不会说话。"

"我怎么不会说话啦?"张可楠不解。

对方眯起眼睛，装腔作势地说："让大哥我来告诉你吧。你应该这样说：'大哥，这有人吗？小妹我坐这可以吗？'哈哈哈哈……"他肆无忌惮地狂笑起来，"看来你是井里的青蛙，没见过多大的天地。"

看他和他的同伴们得意忘形的样子，张可楠说："听你这一说，我确实没有你们见过世面，不过，你们既然见过世面，又有自己独特的礼貌方式，见了我，就应按照你们的礼貌方式办事才对。"

那个男青年很得意："那就对了嘛，你说怎么办吧？"

"我是说你们，既然这么有礼貌，看见我来了，就应该起身肃立，躬身致礼，说：'大姐，这儿没人，小弟请你赏脸，坐这可以吗？'哎，可惜啊可惜，你连自己的'礼貌'信条都做不到，还想教训别人，真是土里的死蚯蚓，一点蓝天都没见过。"

张可楠的话，逗笑了周围的乘客，其中也包括另外两个青年。见那位挑衅者的脸一白一红，尴尬极了，那个男青年的一个同伴忙打圆场道："小姐你快请坐下吧，我们惹不起你呀。"

面对嬉戏，张可楠既没有暴跳如雷，也没因被戏弄而羞赧结舌，而是采取了笑里藏刀术，用模仿式的幽默以柔克刚，才挫败了对方。但如果她当时采用的是怒火中烧的处理办法，结果恐怕就不会如此轻松了。

"二战"胜利，英军进入巴黎，受到巴黎市民的夹道欢迎，还不时有姑娘跑上前来拥抱亲吻士兵。

走在队伍前的中士汤姆被一个法国姑娘久久地拥抱着。

事后他的上司对他说："汤姆，难道你不害臊吗？当着那么多人的面与那姑娘抱在一起，你为什么不制止她？"

"上尉先生,您叫我怎么办呢?要知道,我一点也不会法语!"

令人尴尬的场面也许人人都经历过。当你陷入某种难堪境地时,默不作声、生气以致动怒,都难以摆脱窘境,而有时一两句机智、巧妙的话语却可以打破沉寂,化解难堪,使你心中的不快烟消云散。在轻松愉快的笑谈之中暗藏斥责,往往能化难为易,并且常常能在不露声色、和风细雨中,巧妙地达到猛烈抨击对方、鞭挞对方的目的。

4. 巧用幽默化解与他人的冲突

幽默能把你从凶险的冲突、怨恨的心理、粗鲁的表情和一触即发的愤怒中解救出来。比如,遇到别人对你冒犯,有的应该严肃对待,有的可以置之不理;有时,瞪他一眼就够了,有时,一笑置之则可。这种一笑置之的做法,在大多数场合,可以帮助你摆脱尴尬难堪的局面,避免跟人发生争吵,又可以消除自己的恼怒,使自己容易下台,还可以显示出对方的无礼和不光彩。

有一天,德国诗人歌德在公园里散步。在一条只能通过一个人的小道上,他迎面遇到了一个曾经对他的作品提出过尖锐批评的评论家。这位评论家高声喊道:"我从来也不给傻子让路!""而我则正好相反!"歌德一边说,一边满面笑容地让在一旁。

歌德的这一应对的方式,在后世传诵甚广。他运用的幽默战术,有点像中国太极拳中"以柔克刚"的味道。当双方因冲突争论而僵持不下时，不妨说个笑话，来个幽默，缓和一下紧张的气氛，一场冲突是会有避免的可能的。

但是如果谈话中，你已经刺伤了人家的自尊心，触及了对方的隐匿伤痕，那可是危险的。对方修养好的，必会缄口离开；修养差的，定会反过来对你进行人身攻击！这时，你一定要想到用幽默的办法解围，努力地把话说得幽默点、真诚点，使对方感到悦耳。

爱好打猎的齐景公，喜欢养老鹰来捉兔子。一次，烛邹不慎让一只齐景公心爱的老鹰飞走了，齐景公大怒，下令把烛邹推出去斩首示众。

晏子知道这件事情之后，很想帮助烛邹。他去拜见齐景公，说："烛邹有三大罪状，哪能这么轻易杀了他？请让我一条一条地数落出来，再杀他，可以吗？"齐景公说："可以。"

晏子指着烛邹的鼻子说："烛邹！你为大王养鸟，却让鸟逃走了，这是第一条罪状；使得大王为了鸟的缘故又要杀人，这是第二条罪状；把你杀了，天下诸侯都会怪大王重鸟轻士，这是第三条罪状。"齐景公听后，对晏子说："别说了，我知道你的意思。"

原来，晏子救烛邹，不是单刀直入，向齐景公说情，而是采用另辟蹊径之法，表面上是给烛邹加罪，实则是为其开脱，并委婉地批评齐景公重鸟轻士，这样既避免了说情之嫌，又救了烛邹；既指出了齐景公的错误，又不丢齐景公的面子，用幽默化解了齐景公的戾气，令人拍案叫绝。

在运用幽默化解冲突时，你首先要有原谅对方的心理，不然就无法发挥你的幽默感。很多人在和别人说理时，会不经意间触动了别人的自尊，从而火上浇油。如果我们能运用好幽默这个招数，缓和矛盾、平息冲突，说话效果往往会大不一样。

罗西尼是19世纪著名的意大利作曲家。有一次，一个作曲家带了份七拼八凑的乐曲手稿去向他请教。演奏过程中，罗西尼不住地脱帽。作曲家问："是不是屋里太热了？"罗西尼回答说："不，我有见到熟人脱帽的习惯，在阁下的曲子里，我碰到那么多熟人，不得不连连脱帽。"

对于这位求教的作曲家七拼八凑的乐曲手稿，罗西尼显然非常不满，但他没有点破对方"抄袭""拼凑"，而是用富于幽默的"不住地脱帽"的动作和"碰到那么多熟人"的解释，暗示了自己尖锐的批评意见，这种批评虽不如直说那般鲜明尖锐，但它不仅生动形象，而且更富于讽刺意味且耐人寻味。

罗西尼是用含蓄而曲折的，也是幽默的方式表达了他的意见，同时显出他那幽默家所具有的风度。运用暗示幽默法来处理尴尬场面，既照顾了他人的面子，而委婉的话语又达到了尖锐批评的实质。一方面，对方会知难而退，另一方面，对方会因你照顾了他的面子，反而对你更钦佩和感激了。

幽默不仅可以帮助我们避免冲突，还可以使我们应付任何困境，摆脱种种烦恼。不懂幽默的人，很难懂得调节情绪的方法，从而导致其所遇到的困难会越来越多，其情绪也最容易消沉。面对困难重重的人生，我们应该训练和培养自己的幽默感。

法拉第是近代电磁学的奠基人。但法拉第的学说问世的时候，理解电磁理论和用途的人不多。于是，误解难免产生。

有一次，法拉第在作完一场电磁感应理论的演讲之后，一个上流社会的贵妇人，并没有明白其中的原理，但却有意挖苦法拉第，说:"法拉第教授,你讲的这些东西有什么用处呢?"法拉第诙谐地回答说:"夫人,你能预言刚生下的婴儿有什么用吗?"

在关键时刻,含而不露的幽默可以避免正面的冲突,以积极向上的态度,以乐观的情绪,以迂回的方式去面对困境。要是法拉第正面回答问题,是很难得到承认和理解的;要是正面去对抗,更易招致怨恨,使沟通和交流中断;要是回避问题,那么他的理论永远也无法让别人信服。但是,他以一种幽默的思考方式,去启示对方,让对方以发展、宽容的眼光对待眼前的现实,同时也增添了自己的勇气和信心。

幽默和讽刺的语言不仅是曲折表达,使人意会而已,还含有引人思索的深一层的内容,使人感到言简意赅,情感丰厚。

曾经有一位女士写信给萧伯纳,信上说:"我长得漂亮,你很聪明。如果我们俩结婚,生出的孩子像我这样漂亮,像你那样聪明该多好啊!"萧伯纳回信说:"如果是那样当然很好。不过,如果生出的孩子像你这样聪明,像我这样漂亮,可就令人失望了。"这是含蓄而又巧妙的话语,既表示自谦,又曲折委婉地反对了那位女士的意见。

很多时候,幽默语言之所以动人,在于言简意赅、情意深厚,话说得含而不露,耐人回味。若话里把什么都抖搂出来,一览无余,便和说白话那样,容量有限了。

幽默能广泛地用于生活的各个方面,帮助我们摆脱困境、避免冲突。所以聪明的处世高手,你会时常在他的身上发现幽默的光芒。

5. 遇到棘手问题，巧用幽默来化解

如果你一时口无遮拦而惹火了别人，不妨通过对自己开个善意的玩笑来解决棘手问题，转移对方关注的焦点。这样做的好处是，能够不露痕迹地照顾到对方的自尊心，同时巧妙地使紧张的气氛得以缓和。

在一个新学期，多少都长了点身高的同学们在争排座次。心直口快的刘英新，与不善言辞的王晓闻争执了半天。终于，王晓闻只坐到了末排。刘英新便得意地说道："王晓闻你座位排在最末，又是咱们寝室的宝贝疙瘩，而且你还姓王，以后就叫你'疙瘩王'啦。"没想到说者无心，听者有意，王晓闻顿时火冒三丈！原来王晓闻长了满脸的疙瘩，俗称"青春美丽痘"，每当有人提及，王晓闻都很介意，此时怎么能不生刘英新的气呢？

刘英新发觉自己失语，心中懊悔不已，为了平息这场自己惹来的风波，表面上装作不急不恼，揽镜自顾地说："'蜷在两腮分，依在耳翼间，迷人全在一点点'。唉，王晓闻，我这真是'一波未平，一波又起'呀！"王晓闻一听，不禁哑然失笑。原来，刘英新脸上除了有几个青春痘，还长了一脸的雀斑。

刘英新用幽默解决棘手问题的方法堪称高明，她在无意中冒犯了别人，让别人对自己产生了敌意之后，马上含蓄地进行一番幽默自我调侃，并巧借诗句点明了自己也是脸上有痘而且面生雀斑。既

是对自己面部雀斑分布形状的自嘲，又是对自己口无遮拦惹来风波的含蓄自责，因而取得了对方谅解的一笑。这种自用幽默解决棘手问题的方法，也是一种颇为灵活的纠正错误、求得对方谅解的好方法。

用幽默来解决棘手问题，就是通过使人发笑来达到促进人事关系和谐的目的，但是同时，幽默之中也寓有一种深沉的力量：它不但可以减轻精神上的压力，缩小人与人之间的距离，弥补可能存在的鸿沟，而且可以将一般情况下需要用严肃的态度才能表达的问题，通过幽默轻松传达给对方，使之欣然领受。

贝塔利在一家大企业公司的运输部门负责文书工作。当这个公司被另一个大公司合并以后，新公司的同事对他不是很友善。而且更让贝塔利烦心的是，自己在新公司中的去留问题依然沉浮不定。

直到有一天，贝塔利决定主动出击，改变自己在其他同事心中的印象，以及在公司中岌岌可危的命运。"他们可不敢把我革职。"贝塔利解释说，"因为什么事我都远远落在人后。"就这样，贝塔利从一个简单的玩笑开始，使他的新同事和他一起笑，并帮助他建立了友善合作的共事关系。

幽默不仅可以解决棘手问题，还可以传递友善，表达人与人之间的真诚、友爱，拉近人与人之间的距离，是和他人建立良好关系的不可缺少的东西。尤其是当一个人要表达内心的不满时，若能使用幽默的语言，别人听起来会顺耳一些。当一个人和他人关系紧张时，幽默也可以使双方从容地摆脱窘境或消除矛盾。

6. 幽默是化解攻击的"乾坤大挪移"

在人际交往中，有些时候，我们由于彼此立场的不同，可能会与别人产生矛盾或者冲突。在社交中，面对他人的无理取闹，如果只是退让，那会让对方得寸进尺；相反，用诙谐幽默的语言来说话，对方往往无可奈何。

著名诗人普希金在一次舞会上邀请一位年轻的贵族小姐跳舞。可是这个高傲的贵族小姐瞧不起普希金，想要戏弄他，就说："对不起，我不和小孩子一起跳舞。"

普希金听了后，向她笑着说："对不起，我不知道你正怀着孩子。"普希金假装糊涂，用幽默维护了自己的尊严，也回击了对方。

面对他人的恶意或者别人给你带来的尴尬，用幽默的方式予以回应能取得很好的效果，并可以使双方的关系变得融洽。生活中，还有些人会出于某种用心，不怀好意地用语言挑衅。面对这种情况，我们不可气急败坏，也不要说不出话来。如果用轻松的冷幽默型语言进行反击，既确保了我们的人格尊严，又表现出我们敏捷的才思、宽大的胸怀。

一位议员参加总统竞选。一天，他到一个村子里去演讲。当演讲刚刚进行到一半的时候，遭到了反对他的人的攻击，好多人向他投去烂西红柿等农产品。

议员在面对这样的情况时，并没有发怒或者是离开，而是神态自若地擦掉身上的东西，笑着对农民们说："也许我还不了解你们的困境，但是如果我能够得到你们的支持当上总统的话，我肯定有办法解决你们农产品卖不出去的问题。"

正面对抗或者回避挑衅，往往会使矛盾升级或交流发生中断，而运用幽默的手法来巧妙地化解对方的攻击，能使你的形象高大起来，更能增添别人对你的好感。

当然，我们在遇到挑衅的时候，还可以巧妙地避开对方的锋芒，抓住对方话语中的漏洞回击对方，这样既躲开了对方的攻击，又不会使自己受到伤害。

有一次，惠特曼在演讲，全场的听众都被他幽默风趣的话语吸引住了。

忽然台下有人大声说道："你讲的是笑话，我一点也听不懂！"

惠特曼面对这样的攻击，说道："原来你是一只长颈鹿啊，只有长颈鹿才有可能在星期一弄湿了脚，到了星期六才能感觉得到！"

惠特曼在面对无理取闹时，巧妙地运用幽默语言回避对方的锋芒，并回击了对方的不友好。当你遇到这种情况时，你要想对对方展开攻击，揭露对方的错误的话，那就要更加小心了。因为稍有不慎，你就可能会惹得对方火冒三丈。所以，我们还是需要借用幽默，避免与对方发生冲突。

7. 巧用幽默为节目主持添彩

幽默的开场白，也是一些节目主持人常用的开场风格。

在一期节目中，当时正在说位于北极圈的加拿大很寒冷，一位主持人夸张地说："是啊，我也听说那儿很冷，说是有两位加拿大人在屋子外面说话，那天冷得出奇，话一说出口就冻成冰碴儿了，那听话的人赶快用手接住，进屋用火烤了才听见说了些什么……"

主持人这一夸张的运用显得十分活泼、俏皮，顿时惹得观众笑得前仰后合，充分展示了她的幽默感，增加了主持风格的感染力。

同样也是在一次节目中，一位胖胖的主持人向观众讲了一个故事："……我说我怎么控制不住体重呢，好像喝凉水都长肉的啊！我就去找一位熟识的王医生，他给我开了个方子：'你每天只能吃两片面包。'好啊，什么药都不要，只吃两片面包。有的人用那减肥药，抹啊抹啊，万一抹出点儿毛病来了哩？我挺高兴，就走了。走老远，我又赶紧转了回来，我不大好意思，人家不是说遵医嘱吗？可我有些话得问清楚啊！我就问：'您开的药方子，让我吃两片面包，倒是挺好的，可是，是饭前吃呢，还是饭后吃？'……"

主持人这种反常逻辑的独特手法，就是借助于这种和常人不同的想法使人忍俊不禁。

有一次，一位主持人在一次节目中说"勿以恶小而为之，勿以善小而不为"这句名言出自孟子，有许多观众听了后都纷纷去信去电指出其错误。后来，这位主持人在节目中，一开场就提到了这件小事："……我给孟子打了个电话，他说他好像没有说过这句话……我特意买了本《三国志》，从里面查找到了这句话的出处。我错了，在此我向全国的电视观众，特别是给我写信的观众朋友致以谢意和歉意。"说完他还朝着台下深深地鞠了一躬。

这位主持人敢于当着那么多观众的面自嘲和认错，语言又诙谐幽默，给观众留下了很好的印象，这恰好也成为了那期节目主题的生动注脚，将嘉宾、现场观众的访谈连成了一个和谐有机的整体。

一位著名的脱口秀主持人，他在主持综艺节目的时候就有大量成功的现场语用事例，他善于妙用双关。

一次，他在主持某家庭演唱大奖赛的时候，在介绍初福之家庭中老两口的兴趣爱好时说："初福之是复旦大学体育教研室主任，这是他的爱人。老两口非常有意思，他是搞体育的，非常喜欢文艺；她是退休音乐教师却非常喜欢体育，两人就像被窝里种鲜花——能文（闻）能武（捂）……"

他的这种一语双关的诙谐语言，无疑活跃了现场的气氛，增加了现场的喜剧效果。这种幽默的主持方式，也使他深受观众喜欢。

一位主持人，在主持一台戏曲晚会报人名时，把一位艺术家的名字"南新燕"说成了"南新燕小姐"，当南新燕先生一走上舞台，这位主持人就知道自己把人家的性别弄错了。台下是一片哄笑，这时主持人便急中生智，说道："哎呀，真是非常抱歉，我望文生义

103

了。不过,您的名字实在太美了,这使我想起一首古诗,'旧时王谢堂前燕,飞入寻常百姓家'。国粹京剧也如同堂前燕,从北方飞过琼州海峡,到海南安家落户了……"

主持人在那样尴尬的情况下,发挥了她的机智幽默,将口误一带而过,同时也解除了自己和南新燕先生的尴尬,把台下的哄笑都变成了欣赏的掌声。而她机智幽默的形象,也更深入人心了。

当我们经过精心的设计,制造出颇具审美情趣的搞笑手段,让陌生人在听到我们说话的一开始就能开怀大笑,相信他在喜欢你的同时,一定会更加佩服你的才华。或者在为自己解围或添彩的同时,也能让自己的形象在陌生人心目中变得倍加亲切,实在是一举两得啊。

虽然我们并不是主持人,但是在与人聊天的时候,完全可以像主持人那样,巧用幽默,让彼此的相识在笑声中开场。而这开怀一笑,你的形象就完美地印在了对方心中。

8. 发言时,不妨让幽默来助阵

开会是人们日常工作生活中必不可少的一个交际场合。有些会内容很好,确属认真讨论和解决问题的会,可是气氛不活跃,没有生气,开起来累人,也对人失去吸引力。当你在参加这样的会议的时候,就不妨幽默一点,为沉闷的会议调节一下气氛。

如果你是会议的主持人,那你就一定要懂点幽默。因为主持人在会议上起着关键的作用,他有着随时讲话的便利条件,如果他是一个有幽默感的人,那么会议的气氛就能较容易地活跃起来。

著名戏剧团体"南国社"曾在南京举行大公演。位于远郊的晓庄学校校长陶行知先生向"南国社"写了邀请信。戏剧家田汉代表剧团欣然接受了邀请。当天晚上,全体师生和周围农民为剧社举行了欢迎仪式。

陶行知先生主持了欢迎仪式,他说:"今天我是以'田汉'的资格欢迎田汉。晓庄是为农友办的学校,农友是晓庄师生的朋友,我们的教育是为'种田汉'而办的教育。所以我是以一个'种田汉'代表的资格在这儿欢迎田汉!"

田汉致答谢辞说:"陶先生说,他是以'田汉'的资格欢迎田汉,实不敢当!我是一个假田汉,陶先生是个真'田汉',我这个假'田汉'能受到陶先生这个真'田汉'以及在座的许多真田汉的欢迎,实在感到荣幸!"

陶行知的欢迎辞与田汉的答谢辞博得在场的全体师生和农民的热烈喝彩。

陶先生在欢迎辞中巧妙地将他们为种田汉办学的宗旨与戏剧家"田汉"的姓名联系起来,新奇风趣,起到了活跃气氛的效果。田汉先生呼应了陶先生的说法,做了生动而得体的答谢。这一唱一和,就给会议奠定了轻松愉快的基调。

如果你需要在会议上发言,更少不了幽默来助阵。因为,在会上发言或讲话的人,如果讲得生动风趣,容易使人接受,并能给别人留下深刻印象。而如果做枯燥无味的报告,则易使人昏昏

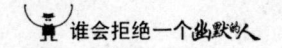

沉沉。

一次演讲会上,当演讲快结束时,演讲人掏出了一盒香烟,用手指在里面慢慢地摸,但掏了半天也没掏出一支烟来,看样子是抽光了。有关人员见此情景十分着急,因为这位演讲人的烟瘾很大,于是有人立即动身去取烟。这位演讲人一边继续摸着烟盒,一边接着演讲,过了好一会儿,他笑嘻嘻地掏出了烟盒里面仅有的一支烟,夹在手指上举起来,对着大家说:"最后一条!"

这个"最后一条",一语双关,妙趣横生,既是说这是最后一支烟,也暗示着这是演讲的最后一个问题。于是全场大笑,听众们的疲劳和倦意也在这笑声中一扫而空了。

9. 新闻发布会上展现幽默与机智

在新闻发布会上幽默地回答问题,能很好地展现一个人的风度。特别是对于难以正面回答的问题,幽默语言更能发挥它神奇的效力。

第二次世界大战结束后,英国女皇伊丽莎白到美国访问。当记者问她对美国的印象时,女王回答道:"报纸太厚,厕纸太薄。"一句话让记者们哄堂大笑。

伊丽莎白语言虽然尖刻,却充分显示出她的机智和幽默。可以说,幽默是社交活动的必备礼品,是活跃社交场合气氛的最佳"调料"。会说话的人会巧妙地运用幽默的语言化解可能给人带来的一切不快和矛盾，改变人们的心态，建构起特有的幽默氛围，巧妙地摆脱自己所遇到的一切尴尬场景。

幽默不仅是一个人的说话技巧，更是一种智慧，这种智慧中蕴涵着一种宽容、谅解以及灵活的人生姿态。

在一些新闻发布会上，有时记者提出的问题涉及国家、组织的机密，虽然不能透露给记者，但又不能对记者置之不理，如果简单地对记者说："无可奉告"或"这个问题我不能告诉你"，则显得生硬，会使提问者感到失望或不快。

这时，答问者可以运用幽默语言，机智地避开正面回答，用偷换概念的方法，给以答复，这就是"巧予闪避"。或者用没有任何信息量的话搪塞一下，表面回答了记者的问题，实际上没有说出任何实质性内容，说了等于没说，这就是"无效回答"。这样，记者虽然从答话里没有获得什么信息，但是在轻松一笑的同时，避免了难堪，获得了心理上的满足，双方仍保持着愉快的问答关系。

我国国家男子足球队前任教练高丰文，有一次率队与香港队比赛。赛前，香港记者想刺探"军情"，在采访高丰文时问："你将怎样对待香港队惯用的打法？"

高丰文镇静地反问道："你说香港队的惯用打法是什么？"

记者冷不防被问住了，只得被动地说："大概是防守反击吧。"

高丰文说："我不是郭家明（香港队教练），我不知道他如何布阵。但不管香港队怎样变化，我们都一样准备。"

足球队的打法在赛前是不能公开的。高丰文以不知香港队的打法为由，巧妙避开了正面回答，虽然答了两句，但并没透露给记者什么，属无效回答。

　　可见，幽默，不是笑话，不是机智，更不是笑笑而已，它是一种内在境界，一种由语言和行为来表达的态度和观念，也是一种人生态度。

第五章

妙用幽默，融洽与同事、上司之间的关系

生活节奏的紧张，工作压力的增大，办公室中人际关系的纷杂，这些致使我们在工作中事事小心，身心疲惫。面对这种情况，在不影响工作的前提下，可以和同事开个适度的玩笑，幽默一下，活跃一下办公室的气氛。这也是控制情绪、调节气氛，增强个人魅力，打造好人缘的好方法。另外，幽默的艺术在办公室中也显得十分重要。向领导提要求、建议，与领导和谐相处，面对领导的批评如何消除尴尬等，如果你能巧妙地运用幽默的艺术，这些问题便能迎刃而解，让升职加薪不再是件难事。

1. 办公室开心果的人缘最好

谁是办公室里的开心果？当然是那些能在工作之暇给大家带来欢乐的人。他们是办公室中的活跃分子，是笑傲职场、业绩斐然的职场精英。原因就在于幽默的"开心果"处处招人喜欢，无论在同事间还是客户面前都人缘颇佳，工作起来自然事半功倍！

霍媛媛是分公司的一位普通员工，能力还算不错，她性格活泼、开朗、爱开玩笑、讲笑话。

每当午休的时候，霍媛媛总是会把大家逗得开心大笑。"霍媛媛就是我们的活宝！""霍媛媛真的是我们的开心果！"大家都这样赞扬她。而霍媛媛呢，不负众望，任何时候，只要她有了好的"招法"都会立即拿出来逗大家开心。同事们自然也不会亏待她，无论人际关系还是业绩，人人都愿意对霍媛媛伸出援手，连总部管理层都知道——分公司人缘最好的就是霍媛媛！

幽默对工作真的有这样巨大的影响吗？据统计，那些在工作中取得成就的人，并非都是最勤奋的人，而是善于理解他人、有幽默感的人。幽默感测试成绩较高的人，往往智商测验成绩也较高；具有幽默感的人更乐观、更豁达，他们能利用幽默消除工作带来的紧张和焦虑；有幽默感的人总是能在工作中保持良好的心态。

而且，人们虽然有各种各样的追求，其共同点都是考虑如何营造一个良好的人际关系环境，加强与同事及上下级的沟通，避开人际关系中的僵化与失误，使自己事业获得成功。要做到这一切，学点幽默能够使你与上司、同事之间建立和谐的关系，你也会因此而成为一个乐观的人，一个能关心和信任别人，又能被众多的同事所信任和喜欢的人。

那么，想成为办公室里的开心果，应该如何培养幽默感呢？

首先，主动扩大交际面，有利于缓解工作压力。与人为善，主动帮助他人，能从中获得人生乐趣。

其次，开阔心胸。不要对自己有不切实际的过高要求，不要过于在意别人对自己的看法，正确地认识自我，学会善意地理解别人。

最后，掌握幽默的基本技巧：一是提高语言表达能力，发挥想象力，把两个不同事物或想法连接起来，以产生意想不到的效果；二是开自己的玩笑，即必要时先幽自己一默；三是注重与形体语言的搭配和组合。

在工作过程中，如能妙用幽默，对你在办公室中积累人气自然是大有益处的。所以，在办公室的时候，尽量地表现幽默感，你必然会受到更多的欢迎。

2. 宽容对待新同事的不当行为

公司来了新人，笨头笨脑的总是做错事、闹笑话。这时候，不要嘲笑他，而要以宽容的态度对待他的不当行为，毕竟每个人都有当新人的时候。只要不是什么重大失误，你大可当成笑料一笑而过。相信当新人变成老人的时候，必定不会忘记你曾经的友善。

吴飞的公司最近来了个新同事在这里做助理，刚进公司还不到一个月，但和吴飞混得挺熟的。吴飞觉得他人很好，但新人总是难免会做出一些让人啼笑皆非的事。很多人都开始对他有意见，但吴飞始终包容着他，所以后来新助理转正了，一直把吴飞当成哥们儿一般。

新助理的趣事实在是太多了，比如有一次，老总带吴飞和新助理去开会。会毕，对方经理要写几个注意事项给他们，吴飞和老总都没带笔，老总随口问新助理："你带笔了吗？"他马上回答："带了！"然后，几双眼睛看着他……接下来的十几秒，他睁着无辜的大眼睛看着众人，没有下文。吴飞感到局面太尴尬了，就补充一句："笔借我用用，行吗？"又是十几秒过去，他才拿过文件夹，取出笔递给吴飞，吴飞连忙递给对方经理，对方经理脸都变颜色了……

紧接着老总要与对方经理合影，他接过相机，低头研究，老总和对方经理摆了好久的POSE，他还没有抬头。老总急了，叫他快照，他说："等会啊！这是我第一次摸数码相机，研究一下！"对方经理和老总都面露怒色！

回来的路上,老总问他:"为什么要让吴飞补充一句,你才把笔拿出来?你合计什么呢?就不能聪明点吗?"新助理也很气愤地在车里大声说道:"嘿嘿,我那是故意的!"顿时,车里又是尴尬的寂静,吴飞和司机都不敢出声儿……

几天后,新助理溜达到设计部那边,他与设计部长有一段对话:

新助理:"王哥,你收我当徒弟吧?"

设计部长:"啊?你想干吗?"

新助理:"我想当设计师呗!"

设计部长:"呵呵,设计可不是那么好当的,很累的。"

新助理:"累啥啊?你天天就坐这里没事干,动动鼠标就来钱。"

一阵沉默,设计部长脸色已经变青。

设计部长:"你想学设计可以自己去报班!"

新助理:"报班不是得花钱吗?"

设计部长:"我教你也得收费!"

新助理:"那我跟老总商量一下,他让你教我,你还敢收我费吗?"

新助理一句话惊人,同办公室的设计师们都在干咳提醒他,可他完全没有反应过来……从此设计部长再也不理他了。

后来,吴飞找新助理谈了很多次,他开始渐渐意识到自己的问题,并在吴飞的帮助下努力改正着。一年后,当他不再是新人的时候,这些让人摸不着头脑的搞笑行为也杜绝了。

其实,每个踏上社会的人都必经新人这一过程,当你身边出现一些傻头傻脑的搞笑新人的时候,不妨想一想自己当新人时的情景,

113

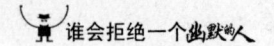

将心比心，宽容地对待他们的失误，对你自己总是有利而无害的。

3. 同事升职变领导，不能再谈笑无忌

本来同在一起工作的同事，地位相同，关系也很好。可是当其中一个升了职，两人地位有了差别，情形可能就会有些变化。

李姗平时和同事小玲关系很好，两个人经常一起吃饭、逛街、买衣服。但上个月李姗晋升为部门经理后，也不知道为什么，越来越不喜欢小玲像以前一样跟自己开玩笑，小玲当然也就识趣地跟她讲话越来越少。

生活中经常发生这样的事。从晋升一方来看，如前面所讲的李姗，自己可能一下子很难从角色上转变过来。而李姗对同事小玲等人平时一些随意的行为，可能理解为"权威受到了挑战""角色没有被认同"。从另一方来看，有的人感觉到自己原来的好朋友被提拔当了领导以后，开始有了官架子。其实，对于这样的人，完全可以用幽默语言点化他。

某人新近升任某单位的要职。他的一个朋友闻讯赶来祝贺，升官的人装着不认识对方，问道："你是谁呀，来这儿干吗？"朋友听了，并未尴尬在那里，而是从容答道："难道你认不出我了吗？我是你的老朋友呀！人家都说你最近眼睛看不清了，我是来探望你的呀！"

另外一种情况是，升官的一方并没改变态度，可是他的旧同事

们过于敏感，或有心理压力，而主动疏远升迁的朋友。而幽默者不会使友情受某一方地位改变的影响，他能以自己的良好心理素质和机智的应对能力得体地处理这个问题。

周晓旭和杜维涛大学时是同窗好友，毕业后都分到机关工作。两年后周晓旭入了党，又过了两年，他被任命为处长；而杜维涛则一直成绩平平，且无升迁希望。在周晓旭任处长不久，杜维涛到他家里做客。一进门，杜维涛就对周晓旭说："听说老同学当官了，恭喜，恭喜！"周晓旭一边热情地把他迎进屋内，一边笑着说："多谢多谢。的确是件好事，你知道为什么吗？"他拉过夫人来，"因为我早就想亲一下处长夫人的芳泽了！"说着做出要亲吻爱人的样子。几个人一起大笑起来。

周晓旭在升官后见到老朋友仍然一如既往地开玩笑，逗乐子，这种行为本身就说明他并没有因地位升高了就矜持深沉起来，而是和过去一样看待自己、对待朋友，并不怕说笑话而失去"官人"的尊严。

事实上，同事升职是很正常的事情，我们只要以平常心对待，还是可以找到从前亲密的感觉的。

4. 发生矛盾，幽默一下就能和好

同事在一起相处的时间长了，难免因为小摩擦而发生矛盾，一旦处理不好就很容易影响工作，有时虽然有心和好却又碍于面子。这时候，不妨幽默一下，让矛盾在笑声中烟消云散。

金静华在公司里碰到一个自私自利、爱管闲事、不讲道理的女同事，而且这个女同事和金静华住一个宿舍，宿舍里只有一台电视机，遥控器总是在她手里，金静华想看的电视，她不让看。为此，两人没少吵架，关系越来越差。

后来金静华升为办公室主任，负责一些日常管理工作，这位女同事总是和她过不去，为了能让工作顺利进行，金静华决定主动示好改善关系。具体怎么做呢？金静华决定从开玩笑开始。

做出决定的第二天，金静华先到的公司，她把一些上班前该做的事情做好，这个时候听到"咔嚓咔嚓"的高跟鞋的声音，不用说是那位女同事来了，那是她走路特有的声音。金静华一抬头，她已经出现在门口。

"哟，今天亲自上班啊？"金静华还没开口，那位女同事就先发制人了。因为有另外一个同事前两天帮金静华代了一个班，金静华本来今天休息，但是为了还那位同事的班今天才上班的，所以这位女同事故意这样子说话，讽刺金静华。

"嗯哪，可不是嘛，亲自上班呢。"金静华心想，顺着她的话势，看她还有什么好说的,"听到高跟鞋咔嚓咔嚓的声音,我就在想是谁这么风度翩翩地走过来了呢?抬头一看原来是你哟……"金静华也不放过打趣她的机会。

"你少来了……"

就这样你一言我一语中,她们开始了工作。而且从此后,她们经常都是以这样互相调侃的方式交流,关系竟然在不知不觉中融洽了很多。办公室的同事们都惊讶于两个人的关系怎么改善得这么快。

可见,用幽默来和有矛盾的同事和解,既自然又容易让对方接受,是再理想不过的方法了。同事之间朝夕相处在一起,还是应该尽量避免矛盾,毕竟事后解决的做法还是有可能会在彼此心中留下隔阂的。所以同事之间正确的做法是:

第一,善待别人,以诚相见。

做什么事要对自己有信心,也就是自信。不要因为别人说了什么,就不敢去做,不要活在别人的话语中。凡事先想后做,三思而后行,不可性急,要有耐心;心胸宽广,无论是你喜欢的同事、上司或不喜欢的,见面都要打招呼,且面带笑容,要真诚。工作中,自己的事处理完后,看看周围的同事有没有需要帮忙的;节日时,同事之间互相问候,可发信息、打电话等,这样都可以更好地融洽同事之间的关系。

第二,不要带着情绪工作,不议论他人是非。

不要把个人生活的情绪带到工作中,也不要把前一天工作中的不愉快带到第二天上班,更不要把自己在工作中的不愉快发泄到同事的身上。闲谈莫论人非;静坐常思己过。在和同事相处的过程中,始终以此为准则。相信你会和同事的关系相处得非常融洽。俗话说得好：病从口入，祸从口出。因此，上班时，尽量多做事少说话。这样做既可以让自己多积累工作经验，又可以让繁忙的工作冲去多余的时间，避免无聊时闲谈别人的是非。即使在工作之外，亦从不对同事评头论足，对同事要多些宽容与理解。

第三，与同事保持适当距离。

其实很多同事是不适合成为朋友的，和同事之间保持一定的距离，才是最美的。要想和同事相处愉快，秘诀还是那句老话，"忍一时风平浪静，退一步海阔天空"。俗话说得好，伸手不打笑脸人，你用微笑对别人，再刁蛮的人即使第一次对你大喊大叫，也不好意思一而再再而三地冲你发火。

5. 小心玩笑恶化成人身攻击

幽默是工作中的清醒剂，因为有了幽默，繁忙的工作才变得有趣和生动。可在工作中不是什么话都可以拿来开玩笑的，比如一些有人身攻击之嫌的玩笑就开不得，一旦出言不慎，轻则弄得同事很尴尬，重则会导致同事间关系的破裂。

夏娟人很聪明，心地也好，就是说话没分寸，同样一句玩笑话，从她嘴里说出来，就感觉好像变味儿了，一不留神，就把别人给惹怒了。

有一次，夏娟和同事们在一起聊天，一个挺丰满的女孩说，杂志上讲其实我们每个人的身体真正需要的营养比实际摄入的要少很多，发胖在很大程度上是因为没管住嘴。她听到这儿后接着就说："是啊，这文章标题应该叫活该你胖，谁让你吃那么多！"

夏娟自己可能觉得是好可笑的，但是当事人恐怕就没这么开心了，至少心里会感到不舒服。

所以人人都要在说话的时候讲究艺术，同样，在幽默的时候也需要讲究一定的艺术性。

这一天，一位颇有知名度的作家要到一家小书店参观，书店老板受宠若惊，连忙把书架上所有的书都撤下来，全部换上该作家的书。作家来到书店后，心里非常高兴，问道："贵店只售本人的书吗？""当然不是。"本来书店老板想赞美他写的书非常好，可又不想直接说，就幽默地回答："别的书销路很好，都卖光了。"作家听后，便生气地走了。说者无意，听者有心，到最后书店老板仍不知道自己说错了什么。

本来书店老板是想奉承这位作家，但实际上却是侮辱了他。其意思就是说，该作家写的书不好。试想，谁会喜欢这种攻击呢？所以，在说幽默话之前，一定要先考虑考虑，你所说的话对对方是否有攻击之嫌，否则只会弄巧成拙。

王静卉是个聪明的女孩。她脑子快、言辞犀利，还有丰富的幽默细胞，是公司的一颗"开心果"。但如此可爱的王静卉，却得不到老板的青睐。

王静卉工作非常努力，有时为了赶时间，一大清早就要赶到客户那里谈业务。满身疲惫回到办公室，老板不仅不体谅，还不分青红皂白地说她迟到、旷工，怎么解释都不行。王静卉委屈极了，向朋友诉苦。朋友反问她："你平时有没有在言词上对老板不敬啊？"

王静卉如醍醐灌顶一般！原来，王静卉平时就爱与同事开玩笑，后来看老板斯斯文文，对下属总是笑眯眯的，她胆子一大，就开起了老板的玩笑。一天，老板一身簇新地来上班了，灰西装、灰衬衫、灰裤子、灰领带。王静卉夸张地大叫一声："老板，今天穿新衣服了！"老板听了咧嘴一笑，还没来得及品味喜悦的感觉呢，王静卉接着来了一句："怎么像个大灰狼！"老板的脸马上就沉了下来，转头走了。

开玩笑的确可以拉近同事间的距离，缓和人际关系，但是像这样带有一定人身攻击的玩笑，就似乎让人难以接受。像这样的玩笑对人际关系的破坏力很强，王静卉对此却浑然不觉，这就是她聪明能干，却得不到重用的原因。

在生活中，爱开损人玩笑的人一定是热衷于挑刺的人，这类人往往被视为刻薄，容易引起他人反感。同事可能笑过就算了，但冒犯老板尊严的后果是严重的。如果想在老板面前留下好印象，就要努力克服自己的弱点，学会宽容，学会发掘别人的优点，慢慢改变刻薄的形象。

玩笑在很大程度上是一种机智性联想，所以像那些开玩笑高手，只要他们一开口，往往都会是一连串的玩笑，而被开玩笑的人如果对玩笑做出相应的反应，将是一场脑力激荡的游戏。如果不喜欢这种游戏，或感到有压力，就容易排斥别人的玩笑。

在现实生活中，更多的人是接受一定程度的玩笑，但是抗拒某种特定类型的玩笑。这种情形往往与个体内在压抑的心理创伤相关。玩笑如果触及对方的内心创伤点，激起的是压抑的痛苦记忆，即使平时很随和的人，也可能会被某种玩笑激怒。如果这种情形发生了，开玩笑的人应该明白自己的玩笑踏进了对方的心理雷区，最直截了当的方法就是立即认错，请对方原谅自己的无意过失。否则很有可能出现意想不到的结果。

6. 对于好的变化，要大方赞美

有些人觉得善于说赞美话的人是在讨好别人，是一种人品低下的表现。其实，这是对人际交往的一种误解。在人的心中，都有着爱听赞美话的天性，经常受到称赞的人，自信心也随之提高，这是人之常情。

而且，只要你仔细观察就不难发现，周围的人或多或少都在说着赞美别人的话，只不过方式是多样的而已。就人际关系日益复杂的今天来说，多说赞美话是增进人与人之间联系的一条纽带。

同事天天在一起上班，应该互相支持和鼓励，也应该相互关心。所以，当同事有什么显著变化的时候，要及时地表达你的关心。

试想：人家买了那么漂亮的衣裙，在你面前晃了3圈，如果你不说话，最后逼得她自己说出来："我的裙子好像有点短……"这时，你才应付道："哦，你买了裙子啦？"可见，当一个人的心中充满了期待的时候，如果你视而不见，她会失望的。觉察到别人的变化，就要大胆地表达出来。对于好的变化，一定不要吝惜赞美之辞。

一天早上，孙小姐的顶头上司穿了一套新西装，得意扬扬地来到会计室，在女孩们面前转了一圈儿。孙小姐及时称赞道："经理这身西装穿得真帅气。你个子高,显得更加英俊潇洒,玉树临风了!"其他几位小姐一起附和道:"是啊,像明星一样。"

经理很得意,问她们:"别净说好的,你们看看有什么不妥?"

她们看了看,说:"好像袖子上这个标签应该去掉。"

经理一拍脑门:"对呀!刚买的还没来得及剪,拿剪刀来,剪!"

中午,经理又来到了会计室,见她们个个都在座位上,便问:"你们中午怎么也不出去转转?"

大家异口同声道:"时间那么紧,吃完饭,也快上班了。"

"是吗?这样,以后中午多给你们一些休息的时间,出去转转,下午工作更需要头脑清醒。"就这样,孙小姐和办公室的同事们中午多了半个小时的休息时间。

"虚荣心"也是人皆有之的,有时,即使明知对方讲的是赞美话,心中还是免不了会沾沾自喜,这是人性的弱点。换句话说,一个人受到别人的夸赞,绝不会觉得厌恶,除非对方说得太离谱了。

赞美别人首要的条件,是要有一份诚挚的心意及认真的态度。正所谓,好钢用到刀刃上,好话说到人心上。言词能反映一个人的心理,因此有口无心,或是轻率的说话态度,很容易被对方识破,进而产生不快的感觉。再者,赞美别人时,不可讲出与事实相差十万八千里的话。例如,你看到一位流着鼻涕且表情呆滞的小孩时,你对他的母亲说:"你的小孩看起来好像很聪明!"对方的感受会如何呢?本来是赞美的话,却变成很大的讽刺,得到了相反的效果。若你说:"哦!你的小孩好像很健康。"效果就好多了。

赞美更不能千篇一律。因为千人千面,没有谁会喜欢过于大众的赞扬话。举例来说,对于美,人们的看法就不尽相同。俗话说:

"人不可能是十全十美的。"同样地，人也不可能只拥有缺点，而没有一点长处，对于身边所谓"不美"的人，可以将对方的优点提出来夸奖，这样做了之后，你可多得一个朋友，同时增加会话的机会。

那么，对于真正的"美人"应该怎么夸赞呢？或许你认为这太简单了，事实上并不尽然。有的人以明星来夸奖别人，说："我觉得你很像某个漂亮的电影明星！"当然，如果对方也很喜欢这位明星的话，她当然会很高兴地领受你的夸奖，假如很不巧，对方非常讨厌这位电影明星的话，那会产生什么结果呢？也许对方会板起脸说："什么？我和她很像，这简直是对我的一种侮辱！我最讨厌她那种……"你只好在一旁苦笑了。

在如今这个社会，会说赞美话的人，相对是比较有人缘。羞于开口称赞别人的人，再也不要拿"我不屑于拍马屁"来当作借口，大方地展示出你的语言魅力，做个会说话的人吧！

7. 以幽默的口吻说服老板为你加薪

工作卖力是否就意味着老板一定要给你升职加薪呢？如果你一直认为自己有能力把手里的工作做好，可以独当一面，是一个不可或缺的管理者，可薪水却停滞不前，你知道原因是什么吗？

虽然这其中的原因固然是多种多样的，但你又是否为自己争取了？争取的过程是否又足够巧妙呢？如果在这方面，你一点技巧也不懂，那很有必要去学一学如何以幽默的语气去和老板谈加薪了。

老刘工作积极，工龄5年，加薪是他渴望已久的事情。但是，他在厂里虽然从没有犯过什么错，老板却根本没有给他加薪的意思。

为此，老刘非常烦闷，觉得自身价值没有得到认同，他曾多次在工作总结会上暗示过老板，但老板对此也没有丝毫反应。他打算明确地向老板提出加薪的要求，可是又觉得不太好意思，怕遭到拒绝，但是不说的话，自己薪水这么低，又不太甘心，最后他还是鼓起勇气，委婉地向老板说明了自己的意思。

一天午餐时间，老刘"偶然"在餐厅遇见了老板，然后热情地和老板打招呼。老板看见老刘的餐盒里只打了一样菜，就说："老刘，怎么吃得这么少啊？"

老刘马上苦着一张脸，半开玩笑地说："谁叫咱挣得少呢，开源不行就要节流嘛！只是可怜我都这把年纪了，还得跟着年轻人一起减肥，哈哈……"

老板听后没说什么，只是笑了一下就离开了，老刘以为自己弄巧成拙了。没想到，月末，老板竟然为老刘加薪了，事情就这么简单而完美地解决了。

当然，幽默地向老板提出加薪也是需要讲究技巧的。老刘之所以不敢贸然提出加薪，也和他的同事老王要求老板加薪的失败经历有关。

老王在这家工厂工作快3年了，对自己的工作熟悉到不能再熟悉的程度，而老板却没有任何给他加薪的意思。老王一时冲动，就以熟悉业务为谈判条件向老板提出调动职位，其实是想迫使老板为他加薪。老王后来对老刘说，自己当时的举动是非常错误的，结果是薪水没有加成还弄得老板很不高兴。此后，老王与老板的关系一落千丈，不得不离开了那家公司。

所以，老刘认为只有以幽默、试探的语气向老板表达自己的意图，老板才会注意聆听，并且和你进行友好的交流，最终可能会为你加薪水。

其实从某些方面来说，老板和员工的关系是平等的。只要你认为加薪是合理的，你就有权提出来。成功与否，在于你选择的说话方式，最好是巧妙而有技巧地把自己的意图传达给老板，就算老板不同意你的观点，双方也不至于陷入尴尬的局面。

有着规范薪酬制度的单位，对于每个员工的评价都会公正而客观，他们会关注每一个员工的成长与进步，岗位交流、专业培训等情况。只要你能力优秀，又足够努力，那么晋升自然会随之而来，员工们的工作自然会变得积极和主动，根本不需要员工本人去刻意追求，或为是否向老板提出加薪而费尽心机。

有一部分人认为，自己到底有多少本事，是向老板提出加薪时的"底牌"。事实上只要你遇到了开明的老板，只要你有真才实学，老板自然会很乐意根据你的贡献给你加薪水；如果你的能力一般，做不出什么业绩来，别说加薪，就是想保住位子也很困难。所以，如果你有能力，只是不巧你的老板是个很抠门的人的话，那么就"留得青山在，不怕没柴烧"，挺直腰杆赶紧走人。

8. 能干会说懂幽默——让上司看到你的成绩

很多员工辛辛苦苦做了很多事，却从不向老板提要求，总认为自己的付出老板肯定看得见，结果最终只能在最底层的职位上徘徊不前。

相信没有哪个人甘愿做一辈子普通员工：努力工作，却没有得到应有的报酬。既然不愿意忍受，那就不要继续沉默了，要学会和上司沟通，要懂得幽默地"表白"自己的成绩，这样不仅可以让上司看到你的努力，也会更加留意你。

朱玉涛来公司3年了，能力不差，在公司里的人缘也不错，可是眼看着进公司一两年的新人，一个个都升迁了，他不明白，自己为什么还在原地踏步？

原因就是他虽然"工作成绩不错"，但不善于向上司"表功"。所以，很多时候同样的结果，其他同事总能得到比自己更高的评价。

有时候朱玉涛也想不通，上司为什么不自己去看呢？而非要听下属自己把工作成绩描绘得像一朵花一样，那不是自我吹嘘吗？为什么汇报的时候，总是要"在经理的支持与关心指导下"，这不是歌功颂德吗？

所以，3年了，朱玉涛还是没有得到上司的赏识，获得晋升的机会。

看来，要想在人才济济的职场上脱颖而出，不仅要有一定的能力，还要学会为自己邀功请赏，让管理者看到你的成绩，看到你的优秀。否则你就是在光线黑暗的墙角里一直默默努力，管理者也不一定会发现你这个人才。何况，你的身边有那么多优秀的人才，就算管理者想要挖掘你，也多半会被别人的光芒挡住了路。

每个人都想在异性面前言谈幽默风趣、巧舌如簧；每个人都想在面试时表达自如、施展才华；每个人都想进入一流公司和挑战高薪；每个人都想在同事面前脱颖而出……然而，这些理想，不是只需埋头苦干就能实现的，还要把自己的优势说出来，要把自己的成绩告诉管理者。

在以前，人们提倡只问耕耘，不问收获，意思是只要你辛勤耕耘，收获自然就有，不用操心。而在今天，我们提倡问耕耘，还要问收获。在竞争激烈的社会，要想脱颖而出，不但要有能力，努力付出，还要懂得宣传自己，给自己造势。这就像一个企业生产的产品，单是质量好还不足以胜出，还得借力广告效应，因为酒香也怕巷子深。

当今社会，黄金、资讯、口才，已成为代替其他资源最为重要的财富和法宝。不管从事销售还是普通工作，不管是过去、今天，还是将来，口才都将被人们看成衡量人才的标准。

"好酒不怕巷子深"的古训在今天的职场竞争中已经不再适用，等着别人发现，往往会使自己与机遇失之交臂，只有"能干会说懂幽默"，才是职场发展的必备艺术。

首先，要主动表现你的进步。

初入职场，有很多不懂的地方，你不妨找个时机向管理者表白一番："我刚来的时候不懂，犯过错，幸亏有您指正，现在我已经明白了犯错的原因，再也难不倒我了，真的非常感谢您！"你不仅让他知道你已经进步了，而且又巧妙地把这归为他的功劳，哪个上司听了这样的话，不高兴呢？

其次，不要害怕向上司汇报工作。

在职场之上，很多人出于对老板的生疏和恐惧感，见老板时一举一动都不自然。即便是必要的工作汇报，也多愿意用书面报告，以免被老板当面责问。

当你完成了一件很棘手的任务，一定要向上司汇报，让他知道你有一个好脑袋和快刀斩乱麻的能力。主动向上级汇报一下自己的工作情况，让上司知道你都做了些什么。千万不要等到失败了才去汇报，这样，你在老板心目中的印象一定很糟糕。

第三，不要总是唯命是从。

员工对于老板，就像士兵对于军令，服从是天职，但是，有时候，职场还是与部队有所不同。如果你的服从成了唯命是从，那效果就适得其反了。有时候，你的老板也需要你提出自己的意见，而不是每一件事都听从他的旨意。如果你有更好的解决方案，不妨大胆地说出来，让老板发现你脑子里的闪光点，从而对你赏识有加。

如今，在各大公司，高层职位相对于济济人才，永远是僧多粥少的局面，如果你只知道耕耘，恐怕很难有出头之日，因为隐没在人群中，管理者们根本无暇看到。成功需要能力，能力需要发挥，发挥需要口才。事实上，人的潜能无穷无尽，只要你肯开口，你完全可以在竞争的激烈中脱颖而出！

9. 幽默缓解被批评时的紧张气氛

幽默具有神奇的能力，无论生活还是工作，我们都离不开幽默。比如，你有一个经常批评人的管理者，那你就一定要学会利用幽默消除被批评时的紧张气氛了！

在日常工作中，这样的情形是不会少的，当受到管理者的批评、指责的时候，如果不是太严重的问题，你尽可以幽默一下，这样就能消除掉自己被批评的尴尬气氛，给自己一个台阶下，也可以缓解一下管理者的火气。

两个同龄的年轻人同时受雇于一家店铺，并且拿同样的薪水。可是一段时间后，叫常维信的那个小伙子青云直上，而那个叫刘宇盛的小伙子却仍在原地踏步。刘宇盛很不满意老板的不公正待遇。终于有一天他到老板那儿发牢骚了。老板一边耐心地听着他的抱怨，一边在心里盘算着怎样向他解释清楚他和常维信之间的差距。

"刘宇盛先生，"老板开口说话了，"现在你和常维信分别到集市上去看看今天早上有什么卖的。"

刘宇盛从集市上回来向老板汇报说，今早集市上只有一个农民拉了一车土豆在卖。

"有多少？"老板问。

刘宇盛赶快戴上帽子又跑到集上，然后回来告诉老板一共40袋土豆。

谁会拒绝一个幽默的人

"价格是多少?"

刘宇盛又第三次跑到集上问来了价格。

"好吧,"老板对他说,"现在请您坐到这把椅子上一句话也不要说,看看别人怎么说。"

常维信很快就从集市上回来了,向老板汇报说到现在为止只有一个农民在卖土豆,一共40口袋,价格是多少多少;而且昨天他们铺子的土豆卖得很快,库存已经不多了。他想这么便宜的土豆老板肯定会要进一些的,所以他不仅带回了一个土豆做样品,而且把那个农民也带来了,他现在正在外面等回话呢。

此时老板转向了刘宇盛,说:"现在您肯定知道为什么常维信的薪水比您高了吧?"

"是的,我知道了。"刘宇盛很笃定地说。

"为什么?"老板很急切地看着刘宇盛。

"因为我没有把那个卖土豆的老头弄回来!"刘宇盛很后悔地摇着头说。

本来正准备好好教训刘宇盛一番的老板,扑哧一声笑了出来。

当然,想和刘宇盛一样,能在被批评的时候用幽默来消除紧张的气氛,也是很有学问的,首先你就要学会如何不做作地讲笑话。

讲笑话的内容要符合前因后果,否则会发生听不懂和过于简单的现象。一位新闻记者在大使馆采访大使夫人的时候说:"大使夫人真像日本人。"这句话若是早知道大使夫人是日本人,当然甚觉好笑,否则推敲半天,也不会觉得这句话有什么可笑。

不要重复滑稽的动作。假如平时不爱言笑的人,突然在大众面前表演翻跟头,并且头上起了个包时,大家会不由地纵声大笑。但是倘若该人一再地表演同样的动作，笑声不但会消失，甚至会使人起了怜悯之心，以为他有毛病。更不能有反常的举动。比如，本不是幽默型的人，却以幽默的方法演讲，乃是一种反常的举动，反而令人感到厌烦。

自己讲却自己先笑的人，可以断定是性情很好或容易满足的人。讲笑话的要领是讲的人自己不笑，这样才能使听者觉得倍加可笑。

避免事先提醒。如果说了"这是非常有趣的笑话，你们大家一定会感到好笑的"之类的话，效果就大为降低了。

说笑话不可勉强，没有关联的笑话，就等于浪费时间、精神，毫无意义。因此，不论笑话本身多有趣，绝不可引用和话题无关的笑话。说笑话的目的在于发挥话题，具有刺激作用，有如乐章的前奏曲和戏剧的序幕，与主题的发展具有密切的关系。参加晚辈的欢送会时，为了缓和凝重的气氛，讲些趣味的事当笑话，殊不知如此一来就脱离了送行的意义。

幽默的意义不在滑稽的表现，而是发挥人性的温暖，展露理性的笑容，就如使听众有看完小丑影片后留下来的喜悦感一样。此外，幽默也代表演讲者开朗乐观的个性，并不是刻意装饰伪善的动作。

带有讽刺性的笑话，是会令人反感的，至于攻击性的笑话，更应避免。以长舌妇的作风诱发的笑话，应含有激励性，而且必须观念正确。虽然有时也许会因为某人的失策而觉得相当好笑，但是应该同时提起他的优点，才能算是个有涵养的人。

笑话应该具有独创性。众所周知的笑话，只要改变角度，曲折一点，也就新鲜有趣了；将旧歌唱成特殊的调子，不仅可以使年老者大笑，经过解释以后甚至可以引起年轻人的共鸣，如此等等。

131

除此之外，幽默还可以应用在其他气氛不好的时刻。比如，有同事工作出现了失误，千万不要有意刻薄或挖苦，那样不会让你得到快乐，而只会失掉同事的信任和支持。最好的做法是借助于幽默的手段来消除尴尬的气氛，当然如能和对方一道笑起来，效果自然会更好些。

聪明的你，想学会用幽默消除被批评时的紧张气氛的本领吗？那就必须从笑话的基本功开始练习，当我们把幽默感变成自身的特质之后，自然就会在工作中收到益处。

10. 用幽默拉近与上司的距离

要消除与上司的距离感首先一定要把工作干好了，甚至做得十全十美，不要让上司感觉你是个没用的人，其次大多数上司都是有文化之人，要是想拉近语言间的距离，你在语言的技巧上要下些功夫，一般说来，幽默语言的效果应该不错。

有一个叫吉尔的人，他上班经常迟到。上司忍无可忍地对他说，如果他再迟到就一定开除他。接下来的几天，吉尔都起得很早，但是这天又睡过了头，他想这回上司铁定要把他"踢"走了。吉尔来到办公室的时候，办公室里悄然无声，每个人都埋头干活。一个同事冲他使个眼色，示意上司生气了。

果然，上司一脸严肃地朝他走了过来。吉尔迎着上司快步走过去，满脸微笑地握住上司的手说："你好，我叫吉尔。我是来这里应聘的，我知道35分钟之前这里有一个空缺，我想我应该是最早来应聘的吧。希望我能捷足先登。"说完，吉尔一脸自责又充满期待地看着上司。

办公室里突然哄堂大笑，上司也憋不住笑了："快点工作吧！"就这样，吉尔用自己的幽默保住了自己的工作。

在工作中，想要拉近与上司的关系并获得晋升，是每一个员工都渴望的目标。当然勤奋是你必须要具备的素质，但是，现代社会，你光是勤勤恳恳地做个"孺子牛"是远远不够的，你需要发挥一些技巧以使得自己在老板眼中脱颖而出。只有当老板认识了你，记住了你，并且觉得你有才华的时候，你才能获得嘉奖和提拔的机会。假如你能运用你机智的头脑来展示你的幽默，让你的老板能与你一同笑，那么，你们彼此就都有收获。

美国总统柯立芝就曾因为自己的沉默和严谨而被人以幽默的方式"冒犯"过。有一次他去华盛顿国家剧院观看戏剧演出，当看到一半的时候，他就有些瞌睡了。演员马克停下歌唱，走到前面，朝总统喊道："喂，总统先生。是不是到了您睡觉的时间了？"总统睁开眼睛，四下里望望，意识到这话是冲着自己来的。他站起来，微笑着说："不。因为我知道我今天要来看您的演出，所以一夜没睡好，请继续唱下去。"

这则幽默对话，表现了演员的直言不讳和幽默，也表现了柯立芝总统所具有的幽默感。演员没有为此开罪总统，相反，倒成了总统的好朋友。

其实，很多时候，用幽默拉近与上司的距离也是一种巧妙的"以下犯上"，而这种所谓"犯上"就是指在对幽默艺术的理解和应用上具有了推而广之的性质。这种以下犯上的幽默艺术是改变了以往幽默形式上的同辈或者平等关系的性质，而在上下级之间进行的幽默。

这种幽默的特点就是在"犯"字上做文章。这个"犯"字在方式上又避开了冒犯、轻渎等性质，在内容上抽掉了里面的侵犯性内容，带有了更多的调侃、自嘲、戏谑等幽默性成分，也就使这种语言艺术，具有了调整上下级关系向着更为亲和的方向发展的性能。

隋朝大将杨素问他手下的一个人："假如你掉进了一个深一丈、方圆也是一丈的大坑里，你能有什么方法出来吗？"

那个人听后问道："有梯子吗？"

"当然没有了。"杨素答道。

那人想了想，又问道："那么，请问，我掉进去的时候是白天还是晚上呢？"

杨素说："你不用管它是白天还是晚上，我就问你，如果你掉进了这样的坑里，你还能出来吗？"

那人哈哈一笑答道："如果是白天，而我又不是盲人，怎么会掉到那样的坑里去呢？那我岂不是太愚蠢了吗？"

杨素听后，哈哈大笑，直夸他聪明。

可见，以下犯上的幽默一定要有限度，不要以冒犯上司的人格尊严为前提，否则，触怒了上司敏感的神经，就会适得其反了。身在职场，如果每个人都能以轻松诙谐的心态去面对管理者，牢牢把握住与上司之间幽默玩笑的尺度，就能够轻松拉近与上司的距离。

第六章

将幽默转化成力量：让成交不再是难事

幽默是一种力量，可以在谈判桌上扭转乾坤，也可以在销售场上赢得客户。关键在于说话口才能否巧妙地将幽默转化成一种力量。不可否认，在谈判或销售中采取幽默的姿态，可以有效地缓和紧张的形势，营造友好且和谐的气氛，从而缩短双方的心理距离，淡化对立情绪，让谈判在和谐的环境和气氛中友好地进行，进而使双方顺利地达成协议，让成交不再成为一件难事。

1. 以幽默的语言创造友好的谈判氛围

谈判是我们每个人在生活和工作中不可避免的活动。当我们为了达到某种目的，或获得某种利益，而需要和有关方面达成一致意见时，就要和对方进行商谈，这种商谈就是谈判。谈判的技巧有很多种，但幽默绝对是必不可少的一种。

谈判中采取幽默的姿态，可以创造友好和谐的会谈气氛。双方轻松一笑的同时，也就缩短了心理距离，弱化了对立感。

幽默，是谈判中的一种缓冲方法，能使本来是困难的谈判变得顺畅起来，让对方在舒坦宽松的氛围中接受信息。在谈判过程中，总会有一些使人们不便、不忍或语境不允许说的话，便很有必要采用幽默的语言艺术。

采用幽默的语言不仅能够协调双方之间的关系，还可以达到曲径通幽的效果：

一位顾客坐在高级餐馆的桌旁，把餐巾系在脖子上，经理对此很反感，叫来一个服务员说："你让这位先生懂得，在我们餐馆里，那样做是不允许的。但话得委婉些。"服务员走到这位顾客桌前，有礼貌地问道："先生，您是刮胡子，还是理发？"客人意识到自己的行为不得体，从脖子上摘下了餐巾。

服务员说话绕了一个弯子，实现了交际目的，这就是曲径通幽的口才艺术。

此外，幽默也可以协调关系。幽默的语言，既能为谈判双方和人际交往创造良好的气氛，而且也有助于协调人际关系，使各方都处于精神松弛、心情愉快的良好状态。

幽默对于谈判具有十分重要的作用。很多时候谈判气氛形成后，并不是一成不变的。本来轻松、和谐的气氛可能因双方在实质性问题上的争执而突然变得紧张，甚至剑拔弩张，一步就跨到了谈判破裂的边缘。这时双方面临的最急迫问题并不是继续争个鱼死网破，而是应尽快使谈判气氛缓和下来。在这种情况下，诙谐幽默无疑是最好武器。

一次董事会议上，众人对卡普尔的领导方式提出了许多责问与批评，会场顿时充满了紧张的气氛，似乎大家都已无法控制住自己的情绪。有一位女董事质问道："公司在过去的一年中，用于福利方面的钱有多少？""几百万美元。""噢，我真要昏倒了！"听到如此尖刻的话语，卡普尔轻松地回答了一句："我看那样倒好。"会场上意外地爆发出一阵难得的欢笑声，那位女董事也为此而笑了，紧张的气氛随之缓和下来。

卡普尔用恰当的口吻把近似对立的讽刺转化为幽默的力量，同大家一起度过了紧张的时刻，缓解了众人激动的情绪，心平气和地致力于问题的解决。尤其在初次谈判的时候，双方都要寒暄一番以营造良好的谈判气氛。如果能像上面的例子中的谈判者那样恰当地运用一些幽默语言，就可以为双方本来陌生的关系涂上一些"润滑剂"。

在谈判中采用幽默姿态，可以缓和紧张形势，制造友好和谐的气氛，从而缩短双方的距离，淡化对立情绪。

"二战"期间,英国的首相丘吉尔访美寻求物资援助,受到了美国总统罗斯福的热情招待,并下榻于白宫。有一天早晨,丘吉尔正躺在浴盆里,抽着特大号雪茄,突然门开了,进来的是罗斯福……这两个伟人此刻见面,非常尴尬,同时也酝酿着一场政治危机。突然,丘吉尔扔掉雪茄,微笑着说:"总统先生,我这个英国首相在您面前可真是一点也没隐瞒。"

丘吉尔以幽默的语言化尴尬为亲热,同时又蕴含了外交目的,一语双关,最终获得了谈判成功,英国得到美国的援助。

在谈判中,用幽默的说话方式化干戈为玉帛就是一种最好的处理方法,你可以利用幽默委婉地向对方做出解释,就可以消除对方内心中蓄积的不满与怨气,从而让谈判重新顺利开始进行。

2. 谈判开始前,别忘了幽默的寒暄

有时候,谈判前幽默的寒暄对谈判的进展意义深刻。太过专业化的事情总是会让人觉得枯燥、乏味。幽默的寒暄却可以让大家亲切地沟通。幽默的寒暄能拉近双方的距离,营造良好、融洽的氛围。高明的寒暄还能让你的无穷之意尽在言外。

任何谈判的开始都有一个导入阶段,也就是谈判双方打招呼和相互问候这一阶段。在这个阶段,谈判双方一般都会谈论一些与谈判无关的轻松话题。这些表面上看来好似无关紧要的寒暄,其实对谈判结果也有着很大的影响。一个有经验的谈判者能够透过相互寒

暄时的应酬话去掌握谈判对象的背景材料，比如，对方的性格爱好、处事方式、谈判经验及作风等，进而找到双方的共同语言，为相互间的心理沟通做好准备。也有的谈判者能够从这种寒暄中套出自己想要知道的内容，以此来获得谈判的胜利。

松下幸之助就曾经因为寒暄而丧失先机。大家都知道，松下幸之助是日本著名跨国公司"松下电器"的创始人，在他刚"出道"的时候，曾被对手以寒暄的形式探测到了自己的底细，因而使自己产品的销售大受损失。

那是他第一次到东京找批发商谈判。刚一见面，批发商就很友好地和他寒暄说："我们是第一次打交道吧？以前我好像没见过您。"其实这位批发商是想用寒暄托词，来探测对手究竟是生意场上的老手还是新手。而松下先生当时缺乏经验，于是恭敬地回答："我是第一次来东京，什么都不懂，请多多关照。"这番看似极为平常的寒暄答复，却让批发商获得了一个重要的信息：原来对方只是一个新手。

于是批发商又接着问："你打算以什么价格卖出你的产品？"对于这个问题，松下也如实地告知了对方："我的产品每件成本是20元，我准备卖25元。"

批发商由松下幸之助的回答中了解到他在东京人生地不熟，又急于要为产品打开销路，于是他趁机对松下要求说："你首次来东京做生意，刚开张应该卖得更便宜些。每件20元如何？"结果没有任何经验的松下先生应了下来，在这次交易中吃了大亏。

究其原因，是那位老练的批发商通过表面上的寒暄而探测到了对方的虚实，掌握了谈判的主动权。而松下先生在寒暄中暴露了自己的底细，从而导致了谈判中被动与失利的局面。因此，在谈判中双方寒暄时，要避免无意之中泄露自身的关键信息，让对方有机可乘。

谈判前期的幽默寒暄不仅是一种礼貌，还起着融洽气氛的关键作用。更为重要的是，寒暄不是正式的谈判，有人就会不太重视，无意中泄露一些自身的重要信息。一旦你能抓住这些信息，就能轻而易举地在谈判中占据主导地位。

3. 巧用幽默语言回敬对方的无礼攻击

谈判的双方要相互尊重。不管双方代表在个人身份、地位上有多大差异，他们所代表的组织在力量、级别等方面如何强弱悬殊、大小不均，一走到谈判席上，就都是平等的。

但是，有的谈判代表自恃地位高贵，或背后实力强大，在会谈中傲慢无礼，对另一方挖苦攻击，试图在气势上压住对方，迫其屈服；也有的代表自身涵养不好，谈判不顺利时恼羞成怒，对另一方侮辱谩骂。在此类情况下，如果要不辱使命，不失气节，又不致激化矛盾，使谈判破裂，被攻击的一方可以使用幽默语言回敬无礼的一方，阻止其气焰。

战国时代，齐国大夫晏子出使楚国。楚王想在接见他之前先侮辱他一番，以此来挫一挫齐国的威风。他先是在大门之侧开了一个小门，不让晏子从大门进入。这时晏子不是板起面孔斥责楚国的无礼，而是半开玩笑半认真地说道："出使狗国者，从狗门入，今臣使楚，不当从此门入。"楚王听说后无言以对，只好命人打开城门把晏子迎了进去。简单的两句话，真中带假，假中有真，既可当假，亦句句是真，既回击了对方，又巧妙地把楚国与狗国区分开来，为对方打开大门留好了退步的阶梯。

楚王接见晏子时，看他身材矮小，就挖苦地说："难道齐国没有人了吗？"晏子随口应答："齐国首都临淄大街上的行人太多了，一举袖子就能把太阳遮住，流的汗像下雨一样，人们比肩接踵，怎么会没有人呢？"

"既然有这么多人，怎么会派你这样的矮子为使臣呢？"

"我们齐王派出使者是有标准的，最有本领的人，派他到最贤明的国君那里去。我是齐国最没出息的人，因此被派到楚国来了。"

晏子面对楚王对自己的人身侮辱，从容反击，他顺着楚王的话贬低自己，抬高自己的国家，同时有力地奚落了楚王，说得楚王张口结舌。

晏子以自己的机智和雄辩，打击了对方的嚣张气焰，维护了自己的尊严，从而为后来的谈判在平等互利的基础上进行铺平了道路。

在谈判过程中，难免会碰到对方盛气凌人的挑衅，这种情况下，我们不妨将一些凌厉逼人的辩词给予表面上的否定，这就是故作否定。这样既可以使我们的攻势痛快淋漓，又不致沦落到与粗俗无理的对方一样难堪，可以让我们很有风度地赢得漂亮的一战。

在 20 世纪 70 年代末期的一次外贸谈判中，中方谈判代表拒绝了一位红头发的西方外商的无理要求，那家伙顿时恼羞成怒，竟然对中方代表开始进行人身攻击："代表先生，我看你皮肤发黄，大概是营养不良造成你思维紊乱吧？"

中方代表听到如此无礼的人身攻击立即反击道:"经理先生,我既不会因为你皮肤是白色的,就说你严重失血,造成你思维紊乱;也不会因为你的头发是红色的,就说你吸干了他人的血,造成你头脑发昏。"一句话说得外商面红耳赤,哑口无言。

显然,这位西方外商非常的蛮横无礼,他在无理要求被拒后就转而对我方进行人身攻击,这实在是很粗俗的行为。如果我方和他对骂,只会显得我方也和他一样无礼,所以我方代表采用了这种故作否定的方法,在辩词前加"不"这一否定词,这样既有力地反击了对方,又不会给对方落下话柄,成功地维护了我方的尊严。

这种在幽默中回敬对方无礼攻击的做法,既显示出了一个人的足智多谋和宽宏大度,又映衬了对方的浅薄和狭隘,从而树立了自己光辉的人格和形象。聪明的谈判者总是很善于运用此法达到自己的目的。

4. 语言幽默,讨价还价易成功

在商业谈判中,价格之争永远是最关键的问题。双方常常在这个问题上争执不休,相持不下,都想最大限度地争取到有利于己方的价格。我们来看两个以幽默的方式取得讨价还价成功的例子。

柯伦泰曾经被任命为苏联驻挪威全权贸易代表。一次,她和挪威商人谈判购买挪威鲱鱼。挪威商人出价高得惊人,她的出价也低得使人意外。双方开始讨价还价,在激烈的争辩中,双方都试图削弱对方的信心，互不让步，谈判陷入僵局。最后柯伦泰笑笑说："好吧，我同意你们提出的价格。如果我的政府不批准这个价格，我愿意用自己的工资来支付差额。但是，这自然要分期支付，可能要支付一辈子。"

挪威商人在这样一个谈判对手面前没办法了，只好同意将鲱鱼的价格降到柯伦泰认可的水准。

柯伦泰用了虚晃一枪的战术，她同意对方的要价是假的，只是为了让对方明白，这样的高价苏联政府根本不会批准，即使她个人让步也是没用的。

有一次，3名日本航空公司代表与美国某公司的经理进行业务洽谈。美国经理表现得精明能干，两个半小时中滔滔不绝，以各种数据材料论证他们的开价的合理性。同时，几个日本商人则一言不发地呆坐在那里。

最后，美方经理认为已经做了充分的论证，自信能够争取到有利于自己的价格，这才充满希望地问日本人："好啦，我说完了，你们有什么想法？"

"我们没听懂。"日本人很有礼貌地回答。

美方经理傻眼了："你们什么意思？没听懂？哪个地方没听懂？"

"你讲的全部。"日本人彬彬有礼地要求，"你能再给我们讲一遍吗？"

美方经理的信心与热情被当头泼了一瓢冷水，原来自己的长篇大论都白说了，而再次陈述两个半小时显然是不可能的。美方只好同意降低价格。

威胁是谈判中惯用的伎俩。威胁较提条件、说服要来得更容易。

只需"放几个空炮",且无须兑现,因此许多谈判人员会自觉或不自觉地使用威胁手段。面对无理威胁,保持清醒头脑,静观局势才能巧妙破解。

改革开放初期,华北某大型机械企业,与意方就合资兴建公司事宜进行了多轮磋商,在产品的销售渠道环节产生了激烈的冲突。可行性预案中注明:一方面意方负责包销出口30%,其余70%国内销售;其次是合资公司的产品出口渠道为合资公司和中国外贸公司。意方对此表述理解为:许可产品(用外方技术生产的产品)只能由意方独家出口30%,不可附加,而其他两个渠道是为出口合资企业的其他产品预留的。但中方理解为:许可产品的30%由意方出口,其余70%产品的一部分,有可能的话,用两个渠道出口。

双方争议焦点在于对许可产品,中方与合资企业是否有出口权,意方担心扩大出口数量和新增出口渠道会打破己方已建立的全球价格体系,占领其国际销售市场,故坚决反对中方与合资企业出口许可产品。中方同样基于自身利益不愿放弃出口权。双方言辞激烈互不相让,谈判进入僵持阶段,陷入僵局。

更令人没有想到的是,在第三轮谈判的最后一天,意方突然宣布终止谈判,以明示在此问题上决不让步,双方谈判到此破裂。意方利用终止谈判的方式威胁中方,向中方谈判团施加压力,妄图迫使中方全面让步。然而,中方谈判团长早已认清此次僵局的要害,此次合作是意方首次在华投资,且己方公司是其不二选择。在"欣赏"完意方代表的"表演"后,中方团长笑着说:"我很能理解贵公司现在的心情,不过很可惜我们似乎也没有让步的必要,那么我祝愿贵公司能找到更好的合作者。"说罢,就示意谈判结束。懊恼的意方代表也强装微笑无奈离场。

正当一些人遗憾此次谈判失败时，在第二天意方就主动发来电传，做了许多解释，并在许多项目上做了适当让步，中方公司也做了适当让步，终于促成了此次合作。

当对方向你大喊大叫、挥拳击掌时，只不过希望你心慌意乱做出错误的抉择。如果你能顶住压力，掌握问题的实质，并直击其软肋，最先泄气的一定是对方。

商业谈判虽然是紧密与利益挂钩的，但并不是完全不受各种因素影响的。只要你幽默的得当，赢得最终的讨价还价，绝对是轻而易举的事！

5. 运用荒唐式的幽默，拒绝对方的不合理要求

在谈判中，有时谈判对手固执己见，坚持明显不正确、不合理的要求，这时我们可以打破常规思维，从一个人们意想不到的角度提出一个荒唐的意见，使对方在发出一笑的同时，明白自己见解的不妥，这时我们再趁热打铁，就能取得谈判的胜利。

远东国际军事法庭审判以东条英机为首的日本甲级战犯，因为排定座次问题，各参与国的法官们展开了一场激烈的争论。中国法官理应排在庭长左手的第二把交椅。可是由于中国国力不强，而被各强权国所否定。

在这种情况下，中国出庭的法官梅汝璈面对各国列强据理力争。

他首先从正面阐明,排座次应按日本投降时各受降国的签字顺序排列,这是唯一正确的原则立场。正面讲完道理,还不能说服列强,他接下来运用幽默战术。

只见他微微一笑说:"当然,如果各位同仁不赞成这一办法,我们不妨找个体重测量器来,然后以体重大小排座次,体重者居中,体轻者居旁。"

各国法官都忍不住地笑起来。庭长说:"你的建议很好,但它只适用于拳击比赛。"

梅法官接着说:"若不以受降国签字顺序排座,那还是按体重排好。这样纵使我被置末位也心安理得,并可以对我的国家有所交代,一旦他们认为我坐在边上不合适,可以派一个比我肥胖的来换我呀。"这话令全场人大笑起来。

梅法官的幽默有很强的讽刺性。在这个举世瞩目的国际法庭上竟要按体重来排座次,真是荒唐之极。这个荒唐的提议虽然引人发笑,但是能够有力地说明各国列强在以强凌弱,蛮不讲理。这种幽默的方法比正面讲理更有说服效果。

除此之外,想要说服对手还要能找到对手的弱点。谈判的时候,只有掌握好对方的特点,了解对方的弱点,才能做到有的放矢,掌握谈判的主动权,最终说服对方改变自己的想法。

张仪是战国时期著名的政治家、外交家和谋略家,素有"连横之父"的称号。他曾经前往游说楚怀王,但是楚怀王根本就听不进他的那些建议。就这样,张仪很快就陷入了困境,身上的银钱也快用光了,他身边的人也一个一个离开了他。怎样才能让自己摆脱这样的困境呢?张仪暗暗思忖着。后来,他注意到了一件事,他发现楚怀王非常好色，而当时南后和郑袖两名美女正受他宠爱，于是他打定主意再度求见。

他一见到楚怀王就直接说："看来大王并不想提拔我，因此，我想告假到晋国去看看。"

楚怀王自然是爽快地答应了。于是张仪又问："那么，您不想要晋国的什么东西吗？"

楚怀王听后自负地一笑，说："我国有黄金、玉、犀、象，什么也不缺。"

"难道您不想要女人吗？"张仪不动声色地说。

"你的意思是……"楚怀王听罢有些动心了。

"听说晋国女人美如天仙呀！"张仪继续诱惑楚怀王说。

"哦，可能是因为我国较为偏僻，所以没有那样的美女。我倒很想要的！"楚怀王一听到美女就来劲了，立刻为张仪提供了大量钱财，以便为他网罗美女。这件事被南后和郑袖二人听到了，她们非常担心，怕张仪果真带回了晋国的美女，那么自己一定会失去大王的宠爱。

于是南后赶紧派人前往张仪那里，使用怀柔策略，对张仪说："听说先生要前往晋国，这儿有千两黄金，就权当路费吧！"

而郑袖也用了怀柔的政策，赠送了500金给张仪。这下张仪身怀巨款了，于是他再度向怀王告别。

当怀王赐酒的时候，张仪看准时机开口说道："陛下不觉得只有我们两个人太寂寞了吗？能否请您喜欢的人来陪伴呢？"

"你说的有道理。"楚怀王听后召了南后和郑袖来敬酒。张仪看了二女一眼立刻露出惊讶的表情，然后毕恭毕敬地对怀王说："我犯了大错了。"

楚怀王惊讶地问:"什么事?"

"我走遍各国,还是第一次看到这样的美女,先前居然不知道,真是太失礼了。"

一番话说得怀王很开心,他面露得意之色说:"算啦!算啦!不必在意。其实我也认为天下没有比这两人更美的了。"

于是,张仪毫不费力,没花一分本钱,就获得了大笔金钱。同时,还让楚怀王和他的两名宠妃都觉得很满意。

张仪之所以能劝服楚怀王,获得了游说成功,是因为他找到并抓住了楚怀王的弱点,然后针对这个弱点找出对策,最后自然事半功倍,得到了他想要的东西。

赢得一场谈判,最重要的就是要说服对手接受自己的观点,当然,这也是最难的。所以,为了达到说服对方的目的,就要用上各种手段,而幽默绝对是其中的首选。

6. 用幽默培养忠实客户

如果你是一名推销员,那么每天必然要与许多陌生的客户打交道,你一定想知道,如何才能让一个陌生人接受你,然后接纳你的产品?其实最好的办法就是制造笑声。幽默的人总是善于营造一种轻松的氛围来拉近彼此之间的距离。

推销员史蒂芬在一次展销会上向大家推介一种钢化玻璃杯。他首先介绍了这种钢化玻璃杯的最大特点就是强度高、不怕摔，即使扔到地上也不会打碎。很多人都对这种新产品表示出极大的兴趣。

介绍完产品后，史蒂芬为了证实刚才说过的话，也为了能够吸引更多的顾客，他决定当场为大家演示一下。只见他拿起一只玻璃杯猛地向地上一扔，可结果却大大出乎所有在场的人的预料，玻璃杯被摔碎了。因为他碰巧拿到一只质量不合格的杯子。

这样的事情在整个推销玻璃杯的过程中从未发生过，史蒂芬不禁大吃一惊，顾客们也都感到惊讶。他们虽然都相信史蒂芬刚才所做的介绍是真的，可是眼前的事实确实使局面显得十分尴尬。

此时，如果史蒂芬惊慌失措，乱了阵脚，那结果就可想而知了，用不了3秒钟，所有的顾客就都会拂袖而去，展销也会因此而失败；史蒂芬前面所做的一切辛勤劳动，也会全部付之东流，真可谓是前功尽弃。但是史蒂芬立即控制住了自己的情绪，稳住阵脚，没有露出丝毫的惊慌，反而对大家哈哈大笑。

然后，他沉着而又富有幽默地说："请大家放心，像这样的杯子我们是不会出售的。"顾客们也都大笑起来，气氛也立刻变得活跃起来了。紧接着，史蒂芬又连续扔出4个玻璃杯，都没有碎。顾客们相信了目睹的事实，纷纷提出订货，使得史蒂芬本次的推销活动获得了圆满的成功。

这样幽默的随机应变，能化解沉闷和尴尬，轻松气氛，让销售过程和谐愉快。所以，在向还没有对自己的产品建立信任的新客户推销产品时，幽默的话语越多，交易成功的概率越高。

所以在与客户见面推销的过程中，应当设法打开沉闷的气氛，而让对方开怀大笑就是一个很好的办法，要知道，笑声是很具有感染力的。

更会运用幽默来向陌生的客户推销产品的是原一平先生，他曾以"切腹"来逗笑客户，取得保单。

有一天，原一平拜访一位客户。一开始他就自我介绍说："你好，我是明治保险公司的原一平。"对方看了看他的名片，过了好一会儿，才慢吞吞地抬起头说："几天前曾来过某保险公司的业务员，他还没讲完，我就打发他走了。我是不会投保的，为了不浪费你的时间，我看你还是找其他人吧。"

"真谢谢你的关心，你听完后，如果不满意的话，我当场切腹。无论如何，请你拨点时间给我吧！"原一平一本正经地说。对方听了这话不禁哈哈大笑起来，说："你真的要切腹吗？""不错，就这样一刀刺下去……"原一平边回答，还一边用手比画着。

"你等着瞧吧，我非要你切腹不可。"那位客户说。

"是啊，我也害怕切腹，看来我非要用心介绍不可啦。"讲到这里，原一平的表情突然由"严肃"变为了"鬼脸"。见此情景，客户开怀大笑，原一平也和他一起大笑了起来。至此，面谈的气氛变得非常融洽，推销的进展也很顺利。

原一平本来面对的是一个沉闷的气氛，客户显然对他们的推销很排斥。但是他用一句幽默的话语，同时配上搞笑的动作逗笑了客户，让两人之间的气氛瞬间轻松起来。会谈也因此变得愉快顺利。

善于运用自己的幽默来营造良好的谈话气氛，是优秀的推销员必备的素质。只有在欢快平和的气氛中，才能培养出忠实的客户，顺利地推销出去自己的产品。

7. 用幽默化解顾客的抵触心理

上门推销的难处总是最大的，因为推销员必须精神抖擞地闯进一个个陌生人的领地，而顾客们却不会轻易接纳并相信这个陌生人所说的话。这时候，就需要一个推销员具备很快接近顾客并打消其戒备和抵触心理的本事，而亲切的笑容和幽默的谈吐便是推销员的通行证。

过去，走街串巷的货郎的叫卖，总是很风趣。比如卖老鼠药的："咬了箱咬了柜，咬了你家大花被。你包饺子要过年，它把饺子偷吃完，你舍得花上两毛钱，家里的老鼠全玩儿完。"卖调味品的："胡椒面、小茴香、花椒、八角和生姜，不用香油不用酱，包的饺子喷喷香，两毛钱一大两，买回家里尝一尝。醉倒新女婿，乐坏丈母娘……"这种叫卖让人听了禁不住要开口一笑。这一笑，就拉近了推销者与顾客的距离，买主的戒备心在无形之中就减弱了。

此外，为了使顾客肯和自己交谈，不妨就生意之外与顾客"套套瓷"，比如谈谈新闻、天气、花草，先和顾客熟悉起来，慢慢迂回提到自己的商品。

有一位推销员来到一家私人店铺，受到主人的冷遇，眼看对方就要下逐客令了。忽然，推销员看到屋内有只小狗，眼睛一亮，马上说："对不起，打个岔，这只可爱的小狗是您养的吧？"

"没错。"

151

"小狗的毛很有光泽,收拾得也很漂亮,费了不少劲吧?"

"是呀,因为特别喜欢,所以没感到费多大劲……"

提起他的宠物,顾客的话多起来,推销员在一旁很有兴趣地听着。两人谈得很高兴,后来顾客觉得不买他的东西太对不起人家了,于是推销员成功了。

人们往往对推销抱有抵触心理,唯有推销员的幽默能够化解顾客的这种抵触心理。

贝尔纳·拉迪埃是空中客车飞机制造公司的销售能手,当他被推荐到空中客车公司时,接到的第一个任务就是向印度销售飞机。这真是一个很有挑战性又棘手的任务,因为这笔交易已由印度政府初审,但没有被批准,能不能成功地销售出去飞机,完全要看销售代表的本领了。

拉迪埃作为这次的销售代表,深知肩上责任重大。他稍做准备就立即飞赴新德里,印度航空公司的主席拉尔少将接待了他。他在见到拉尔少将后,说的第一句话是:"正因为你,使我有机会在我生日这一天又回到了我的出生地,谢谢你!"

别小看了这句开场白,它虽然看上去简单,实则蕴含丰富内容,向对方传达了好几层的意思:一是,感激对方赐予的机会,才让他在自己生日这个值得纪念的日子来到贵国;二是,他出生在这个国家,对贵国有着特殊的感情。拉尔少将自然听出了他这句话所包含的意思,因此拉近了两人的距离,为他之后的推销奠定了基础。不消说,拉迪埃成功地将飞机销售给了印度,取得了成功。

此后,拉迪埃凭借他娴熟灵巧的销售技巧,为空中客车公司创下了奇迹般的业绩:仅在1979年,他就创纪录地销售出230架飞机，价值420亿法郎。应该说，他能取得这么大的成功，善于寒暄也占了一定功劳。

好的广告应该适应顾客的消费心理，能够引起顾客的兴趣和注意，并大大促进商品的销售。在广告词中掺入一些幽默的成分是吸引顾客的良方。

一家眼镜公司的广告："眼睛是灵魂的窗户。为了保护您的灵魂，请为您的窗户安上玻璃。"美国一则电脑广告："这部电脑的特点是不能为您冲咖啡。"某广告公司的广告："做生意不登广告，就好像在黑暗里向一个女孩传递秋波，除了你自己，谁也不知道你在做什么。"一则"生发灵"药物广告："请勿涂抹在长头发的地方。"

香港一个理发店的广告："虽是毫末技艺，却是顶上功夫。"柏林一家花店门前的广告："送几朵花给你所爱的人，但是，也不要忘了你太太。"德国金龟汽车公司广告："1970年型的金龟车一直是丑陋的。"一则打字机厂的广告："不打不相识。"印度一个牛奶商店的广告："如果你接连1200个月能每天喝一杯牛奶的话，你就能活上100岁。"

幽默的推销员总是不愁卖不出去自己的产品，因为诙谐的口才，总是能让他们轻易打动顾客。

8. 让顾客产生参与感，进而激发其消费欲望

在没有吸引客户注意力之前，推销人员都处在被动状态。这时候，不管怎么介绍产品都不管用，因为客户根本不会听。所以，不妨在恰当的时候设法刺激一下客户，引起他的注意，取得主动权，然后再进行下一个步骤。

有一位推销员在英国的某家皮鞋厂工作，他曾多次想拜访伦敦的一家皮鞋店，但他的请求总是被鞋店老板一口回绝。

这天，他如同往常一样又来到了这家鞋店，口袋里还装着一份报纸，报纸上刊登着一则消息，是关于变更鞋业税收管理的办法。这位推销员觉得这则消息将有利于帮助店家节省很多费用，因此就希望带给皮鞋店老板，让他也看看。

于是他大声地对鞋店的一位售货员说："请您转告您的老板，说我有办法让他发财，不但可以让他大大减少订货费用，还可以本利双收赚大钱。"

老板听了他这番说辞，勾起了好奇心，也想知道他到底有什么方法让自己赚大钱，就接受了他的拜会。有了这么好的开端，事情也就很顺利地朝着这位推销员所设定的方向发展了。

如果这位推销员和往常一样只是劝说老板面谈的话，结果肯定和前几次一样，最终这个事情也会不了了之。然而他懂得了从对方利益出发，用对方感兴趣的话题刺激引导对方，掌握了主动权，后

面的事情自然也就顺利了。

现代营销常常运用技巧让顾客产生参与感，从而形成一种强大的影响力，增加顾客的亲历感，进而营造一种心理暗示，在不知不觉间接受你的建议。

史密斯先生在美国亚特兰大市经营一家大型汽车修理厂，同时还是一位著名的二手车推销员，在1996年亚特兰大奥运会期间，他总是亲自驾车去拜访想临时购买二手车的顾客，并请其试驾。

他常这样说："这部车我已经全面维修好了，您试试性能如何？如果还有不满意的地方，我会为您修好。"然后请顾客开几公里，再问道："怎么样？有什么地方不对劲吗？"

"我想方向盘可能有些松动。"

"您真高明。我也注意到这个问题，还有没有其他意见？"

"引擎很不错，离合器没有问题。"

"真了不起，看来您的确是行家。"

此时，顾客已对这部车充满了兴趣，便会问他："史密斯先生，这部车子要卖多少钱？"

他总是微笑着回答："您已经试过了，一定清楚它值多少钱。"

若这时生意还没有谈妥，他会鼓励顾客继续一边开车一边商量"看来您还没有体会到它的不同，来我们一起试试"。如此步步引导，使他的笔笔生意几乎都顺利成交。

面对一些体验型产品的推销，鼓励或吸引客户免费试用，产生参与感，其间再肯定对方的意见，并引出早已准备好的一些建议，引起顾客的购买欲，使其顺理成章地接受你的产品。

在推销的时候，劝导不如引导，从对方的利益着手，他会比较容易接受。所以，用利益来刺激对方，能更轻易地引其上钩，达到自己的最终目的。

9. 做足准备工作：考察充分，借助幽默来说服

古人说"知己知彼，百战不殆"，推销员即使幽默地说话，也要能说到别人心里，才易于被接受，这就需要学会在销售前，要做足准备工作，即为善于观察，揣摩心理，然后对症下药，顺利做成交易。

一天早上，一家服装店刚开门，就进来了3位顾客。一位是60多岁的老太太，后面是一对青年男女。男的戴一副眼镜，颇有知识分子风度；女的穿着入时，显然是一位注重打扮的姑娘。

营业员热情地迎上去打招呼："欢迎光临，你们要买些什么？"

老太太回头对这对青年男女说："这里货多，你们仔细看看，拣条称心的买。"

营业员心里明白了，这是婆婆为未来的儿媳妇买裤子。此刻，她指着挂在货架上各种各样的裤子说："这些式样现在都有现货，你们要看哪一种，我拿出来给你们仔细看看。"3个人都低着头不作声。营业员发现，老太太的目光总是停在四十几元钱一条的裤子上，而姑娘却目不转睛地盯住了八十几元一条的裤子。这时，男青年的眼睛一会儿望望裤子，一会儿又看看老太太和姑娘，脸上露出一些不安的神色。

几分钟过去了，细心的营业员从他们的目光中琢磨出老太太想节约一点，买一条物美价廉的裤子，而姑娘倾心时髦，想买一条高档的裤子，但两人都不好意思开口。男青年大概看出了双方的心情，可既怕买了便宜的得罪了女友，又怕买了高档的得罪了母亲，所以左右为难，一声也不吭。

面对这种相持的沉默局面，营业员先对老太太说："这种四十几元钱的裤子，虽然价格便宜，经济实惠，但都是用混纺料做成的，一般穿穿还可以，如果要求高一些恐怕就不能使人满意了。"接着，营业员又对姑娘说："这种八十几元一条的裤子，虽然样式新颖，但颜色均比较深，年轻姑娘穿恐怕老气了点，不太合适。"说着，营业员取出了一条六十几元的米黄色裤子说："这种裤子式样新颖，质量也不错，而且米黄色是今年的流行色，高雅富丽，落落大方，姑娘们穿上更能显出青春的活力，许多人都竞相购买，现在只剩这几条了，您不妨试穿一下。"

营业员一席话，使气氛顿时活跃起来，姑娘喜形于色，老太太眉开眼笑，男青年转忧为喜。3个人有说有笑地翻看着这条裤子，姑娘试穿后也十分满意，老太太高高兴兴地付了钱。

做足准备工作，抓住人心，在很多时候都能收到意想不到的效果，在推销中更是意义重大。真诚地赞美一个人的长处，能使对方感到心情愉悦，拉近双方的距离，消除隔阂。然后再一步步地将话题引到产品上来，对方多半会心甘情愿地听取。

汤姆是美国一家煤炭商店的推销员，他们店的隔壁有一家大型的连锁商店。这家连锁商店用煤从来都是舍近求远，跑很远的路从别的煤炭商店购买，而不从就在旁边的汤姆他们店购买。这一情况，使汤姆感到很困惑，每当他看到连锁商店的运输卡车，拉着从别家店中购买的煤炭，从自己的店门口飞奔而过时，心中便泛起一种说不出的滋味和苦恼。"这样下去不行！连近邻的关系都打不通，我怎能算得上是一个推销人员！"于是，汤姆暗暗下定决心，一定要让连锁商店经理从他们的店中购买煤炭。

一天上午，汤姆预约到了这个连锁店的总经理，并到了他的办公室。"尊敬的总经理先生！"汤姆说道，"今天来打搅您并不是为了向您推销我店的煤炭，而是有一件事想请您帮忙：最近我们准备就'连锁商店的普及化将对我国产生什么影响'为题，开一个讨论会，我将要在会上发言。你知道，在这方面，我是个外行。因此，我想向您请教有关这方面的一些知识和情况。因为除了您，我再也想不出其他更加合适的、能给我指点的人了。我想您不会拒绝我的请求吧！"

汤姆这番话引得这位经理侃侃而谈，不仅谈了他本人经营连锁商店的经历，对连锁商店在国家商业中的地位与作用的认识，而且还吩咐一位曾写过一本关于连锁商店的小册子的部下，送一本他写的书给汤姆；又亲自打电话给全美连锁商店工会，请他们给汤姆寄一份有关这个问题的讨论记录稿副本。谈话整整持续了近两个小时。

谈话结束后，汤姆起身告辞，这位经理笑容满面地将他送到门口，并祝他在讨论会上的发言能赢得听众。他又再三叮嘱汤姆一定要将讨论会的详情告诉他，临别时，还对他说了最后一句，也是最关键的话："请你再来找我一趟。从春季开始，我想本店的用煤由贵店来提供，不知行不行？"

于是汤姆用两小时拿到了这单大业务。因为他知道要做好推销工作，不是一开始就直奔主题，而是以开讨论会为由，引得对方大谈自己的发家史。显然，汤姆找到了点子上，经理很喜欢这个话题，连带对汤姆也有了好感，最后，谈得尽兴的他决定用汤姆店里的煤炭。

如果你能让对方喜欢你，那么他多半也会对你的产品有兴趣。所以，在介绍产品之前，不妨先去准备一番，进而抓住其心理特点，然后再去拉近你与对方的距离。

中国有句老话：对症下药。这个"对症"，就是要求在说服他人时抓住对方的心理。俗话说：人心隔肚皮。意思是指不容易知道别人的真正意向，不容易抓住别人的心理。但是，有经验的推销员都是察言观色的高手，善于抓住对方心理。

第七章

带着幽默去面试、演讲：为你的形象加分

在生活中，人人都有可能面对两大挑战：面试和演讲。面试和演讲虽然多数情况下都是一件严肃甚至较庄重的事，但这并不意味着幽默不会对你有所帮助。在面试或演讲中，在恰当的时候，施展一下你的幽默，它可以舒缓你的个人情绪，让你和你的面试官放松心情，还可以消除一个尴尬的时刻，同时也能化解一些不好回答的难题。

1. 用幽默来调节面试气氛，为你的印象加分

大多数人刚进入面试场所时都表现得略显紧张，也有不少有能力、有才华的人为此痛失机会。对于面试官来说，紧张慌乱的应聘者，意味着在工作中也不能胜任。此时，如果你善于幽默，可以在此发挥，调节一下气氛。幽默可以说是一种优美的、健康的品质；幽默也是人际关系的润滑剂，是一个敏锐的心灵在精神饱满、神气洋溢时的自然流露。每个人都喜欢有幽默感的人。

有一次，郑志浩应聘一个炙手可热的职位，简历寄去后大概两星期左右，对方就将"抱歉！未能录用"的E—mail发给了他。郑志浩在看到没有希望的情况下，便采取幽默的方式做最后的一试，他回了一封信："既然您对未能录用我如此遗憾，为什么不给我一次面试的机会呢？"不知是不是这封信起了作用，后来郑志浩得到了这个公司另一个更好职位的面试机会——报社招聘采编人员。

在入围面试的10人中，无论从学历，还是所学专业来看，郑志浩都处于下风，唯一的一点儿优势就是郑志浩有从业经验——在中学主办过校报。

接到面试通知后，郑志浩把收集到的厚厚一摞报纸重新翻了一遍，琢磨它办报的风格、特色、定位，它主要的专栏，等等，做到心中有数。郑志浩还记下了一串常在报纸上出现的编辑、记者的名字。

参加面试时，评委竟然有8个。第一个问题是常规性的自我介绍。第二个问题是"你经常看我们的报纸吗？你对我们的报纸有多少了解？"郑志浩便把自己对这份报纸的认识，包括它办报的风格、特色、定位、不足等全部说了出来。

最后郑志浩说："我还了解咱们报纸许多编辑、记者的行文风格。例如，某某老师消息写得简洁明了；某某老师善于通讯写作；某某老师文风清新自然；某某老师说理缜密流畅……虽然我与他们并不相识，但文如其人，我经常读他们的文章，也算与他们相识了。"郑志浩注意到，许多评委露出了会心的微笑。后来，郑志浩才了解到，他提到的许多老师就是当时在场的评委。

第三个问题是"谈谈你应聘的优势与不足"。郑志浩说："我的优势是有过两年的办报经验，并且深爱着报业这一行。拿起一张报纸，我总不自觉地给人家挑错：题目显得累赘，哪个词用得不合适，哪个错字没有校对出来；版面设计不合理，碰了题、通栏了……甚至有时上厕所，也忍不住捡起地上的烂报纸看……"听到这里，评委们不约而同地笑了。

面试结束的时候，郑志浩把自己主办的校报挑了几份分发给各位评委，请他们翻一翻，希望能给他提出些宝贵意见，并说："权当给我们学校做个广告。"评委们又笑了。

最终，郑志浩幸运地被录用了。事后郑志浩了解到，一开始自己并不被看好，然而其他参加面试的人回答问题过于正统和死板，正是郑志浩的灵活与幽默，让挑剔的评委们觉得他更适合干记者这一行。于是，不起眼的郑志浩脱颖而出。

郑志浩的一位同学在面试时，老板问他："评价一下罗纳尔多和乔丹,看看哪个更厉害。"

"我觉得他俩都没我厉害!"他很是得意地说。

"啊?!"老板一头雾水,如困巫山。

"我要跟罗纳尔多打篮球,跟乔丹踢足球,看看到底谁更厉害!"

他的回答不仅幽默,而且很富哲理,后来他果真被老板录用了。

郑志浩的另一位女同学,在一次电视台主持人招聘面试中,考官问她:"三纲五常中的'三纲'指什么?"这名女生答道:"臣为君纲,子为父纲,妻为夫纲。"她刚好把三者关系颠倒了,引起哄堂大笑。可她镇定自若,幽默地说:"我指的是新'三纲',我们国家人民当家做主,管理者是人民的公仆,当然是'臣为君纲';计划生育产生了大量的'小皇帝',这不是'子为父纲'吗?现如今,妻子的权利逐渐升级,'妻管炎''模范丈夫'流行,岂不是'妻为夫纲'吗?"

这位女生机敏幽默的回答,显示了她的口才与智慧,同时也显示了她竞争的实力,最终使她顺利通过了面试。

可见,在面试中幽默是自信的表现,是善于处理人际关系的反映。可以说,哪里有幽默,哪里就有活跃的气氛;哪里有幽默,哪里就有笑声和成功的喜悦。为此,在严肃、紧张、决定前途的面试的时候,不妨来点幽默,不仅使自己放松,也使考官记住你,可能还会使你在面试中脱颖而出。

2. 问及离职原因时，不妨一笑而过

"你能否描述一下你离开以前所供职单位的原因？"这类问题在面试时经常会被问及，如何回答一定要谨慎权衡，因为一旦你的回答有所偏失，即使是如实回答，也难以赢得主考官的认同。

沈亦洋在某广告公司工作3年多，业务上是一把好手。但因与上司长期不和，沈亦洋忍无可忍，终于选择了跳槽。在朋友的推荐下，沈亦洋面试了好几家企业。

无一例外地，招聘人员都问到了跳槽的原因。刚开始，沈亦洋直言相告，却都没能应聘成功。朋友打探后告诉沈亦洋，对方觉得他业务能力不错，但"与上司不和"这一点，却使对方一票否决了沈亦洋——与管理者关系都搞不好，可见不会处理人际关系。

于是，沈亦洋吸取教训，将离职原因改为"收入太低"，可应聘的几家单位却仍不敢要他。朋友打听后告诉沈亦洋，对方怕被他当作"过渡"单位，一有更好的单位挖墙脚，他就可能会再次跳槽。

沈亦洋头疼地说："'为什么跳槽'真是个难解的谜，怎么回答，都有可能被招聘单位抓'小辫子'。"

是啊，面试时该如何回答关于离职原因的问题才是最理想的呢？其实，无论你的真实原因是什么，说出来都有可能会成为不被录取的"把柄"，幽默一下，一笑带过才是真正聪明的面试者。

宋子炜是一家外企销售员，在年底的12月份被公司无情辞退。

此后数月，宋子炜上网不断投递简历，终于在转年3月初获得了相同领域一家民企的青睐。

面试开始后，面试主考官说："首先十分感谢你来我们公司面试，请你自我介绍下！"

宋子炜说："我曾在一家外企从事了两年的销售工作，积累了不少的相关工作经验，希望能和贵公司有新的合作。"

面试主考官："请你谈谈你离职的原因。"

宋子炜："现在经济环境不好，企业面临经营困难，进行了人员调整，所以我被裁了。"

面试主考官："请问你上家公司有多少员工？"

宋子炜："150人左右。"

面试主考官："公司裁了多少人？"

宋子炜："三分之一，而且我所在的销售部门被裁得只剩下一个部门经理了。"

宋子炜本以为自己如实地说出离职原因会争取到"诚实分"，而且他还用"销售部门被裁得只剩下一个部门经理了"来证明自己没有过错，但最终这家民企还是以"当前经济不景气，你可能无法转化工作压力"为由没有录取他。从此宋子炜学乖了，下一次面试中，再涉及此类问题，他可不再是据实回答了。

面试主考官："在你以往的销售工作中，最成功的推销经历是什么？"

宋子炜："销售我自己。"

面试主考官眼睛一亮，接着问："那你为何离职？"

宋子炜："待在原岗位上的人的理由都是一样的，而选择离开的人的理由各不一样。关于我离职的理由，相信阅人无数的您也略知一二，就不用我多说了吧！"

考官听了宋子炜的说辞，笑得合不拢嘴，并且说自己与宋子炜相见恨晚，马上说让他第二天就来上班。

幽默地避免敏感答案，并不意味着欺骗，反而会让主考官发现你应变灵活、诙谐幽默的另一面，对你应聘是非常有帮助的。

除此之外，曾有调查表明，目前在面试中常见的离职原因包括：人际关系不好处理、收入不合期望、与上司相处不好、工作压力大等。但从企业招聘方来看，这些原因都或多或少包含求职者本身的因素，可能影响将来的工作发挥，如与同事及客户的人际关系、薪水问题、不能承受竞争等，因此不建议跳槽求职者采用此类原因。像阻碍了发挥、上班路途太长、专业不对口、结婚、生病、休假等人们都可以理解的理由，是尽可以如实道来的。

还有些理由谈起来就要很慎重了，比如：

批评上司有毛病。既然是处在社会中，就得和各式各样的人打交道。假如你挑剔上司，说明你缺乏工作上的适应性，那么，很难想象你在遇到客户或与单位有关系的人时会不会凭好恶行事。

适应不了太大的工作压力、竞争过于激烈。随着市场化程度的提高，无论是在企业内部还是在同行之间，竞争都日益激烈，需要员工能适应环境并干好本职工作。现代企业生产是快节奏的，企业中的各色人等皆处于高强度的工作生存状态下，有的单位在招聘启事上干脆直言相告，要求应聘者能在压力下完成工作，这是越来越明显的趋向。

人际关系不良。现代企业讲求团队精神，要求所有成员都能有与别人合作的能力，你对人际关系的胆怯和避讳，可能会被认为是心理状况不佳，处于忧郁焦躁孤独的心境之中，从而妨碍了你的从业取向。

不满意收入太低。这样回答会使对方认为你是单纯为了收入取向，很计较个人得失，并且会把"如果有更高的收入，会毫不犹豫地跳槽而去"这种观念形成对你的思维定势。

借口管理层频频换人。工作时间，你只管做自己的事，管理层中的变动与你的工作应该是没有直接关系的。你对此过于敏感，也表现了你的不成熟和个人角色的不明确。

抱怨分配不公平。现在企业中实行效益薪金、浮动工资制度是很普遍的，旨在用物质刺激手段提高业绩和效率；同时，很多单位都采用了员工收入保密的措施。如果你在面试时将此作为离开原单位的借口，则一方面你将失去竞争优势，另一方面你会有爱打探别人收入乃至隐私的嫌疑。

即使出于诚信的考虑，一定要说出真实的离职理由，也尽量要幽默地说出口，最大限度地发挥你的聪明头脑，让尴尬的话题变得轻松而容易被理解，你的面试成功概率无疑会增大。

3. 风趣幽默地妙答面试偏题

面试如高考，精心准备了好长一段时间，反复演练各种面试问题。最后，充满自信去考试，结果，出了考场，垂头丧气、捶胸顿足。原来，考题中有偏门题，于是表情僵硬，无言以答，多少准备付之东流，这次机会又无缘与公司握手。

下次再有面试的机会，即使遇到偏题也不能绷着脸选择放弃，而要大胆地幽默一下，搏一搏胜算，毕竟机会难得，错过了太可惜。

陈宇廷大学学的是计算机专业，在学校里学习很好，毕业后，在一家公司做了两年半时间，业务上一直是公司的骨干。可是，由于他人太老实，不善于人际交往与沟通，所以，没有什么提升与加薪的好事轮到他，他感到委屈，2006年春节决定跳槽。没想到2006年是就业高峰年，竞争十分激烈。凭着简历上的工作经验，陈宇廷拿到了3次面试机会。

可是由于没有面试经验，又遇到了偏题，结果陈宇廷3次都面试失败了，居然在家待业半年。最后，在朋友的指点下，他明白了面试的奥秘，在最近的一次面试中，面对偏题充分发挥自己的幽默天赋，才得以顺利通过面试。

偏题一：如果我们公司这次没有录取你，但过一段，被录取的人中有没能通过试用期的，腾出位置来，再通知你，你还会再来吗？

要是在以前，陈宇廷肯定会回答说"现在没有录取我，说明公司没有看好我，我来了也没有意思",或者"我不想等待，再说那时我可能早就被另一个公司录取了"。但现在他学聪明了，于是笑嘻嘻地说："呵呵，老师，那就说明我是一个'替补队员'了，能给一个强队当'替补队员'，也是很光荣的事，我肯定会高高兴兴地来。再说，'主力队员'都是从'替补队员'干起来的。只要我今后工作努力，肯定会从'替补队员'升为'主力队员'的，现在，我既然是'替补队员'，就说明我还应该付出比'主力队员'更大的努力，才能满足公司的要求。我相信我肯定能努力成为公司的'主力队员'，为公司做出我最大的贡献。谢谢老师给我机会。"

偏题二：如果公司给你的工资标准，没有达到你简历上的工资要求，你还来我们公司吗？

对于这一问题，错误的回答是：这是我的工资底线，如果达不到，那我可能就会考虑另外一个公司了；如果那样的话，就是说我跳槽后的工资还低于原来的工资，我要考虑一下；那我大概不一定会来了，因为我认为我的要求并不高。而陈宇廷当然不会这么回答了，他还是笑着说："工资是我需要考虑的一个问题，但公司更是我要考虑的问题。我更看中的是一个公司的企业文化、发展前景，以及我在公司的发展平台。对于一个青年人，前途要比'薪情'更重要。再说，每个公司都有自己的工资标准，我相信，只要我的能力达到公司的职位要求，公司也不会给我比别人低的工资，如果我的能力达不到公司的职位要求，我提的工资再高，也是不合适的。再说，就算你们不给我发工资，一个月两个月的，我也饿不死！"

偏题三：你在公司里工作，如果同办公室的一个人，能力没有你强，但工资却高于你，你会不会有想法，心理能平衡吗？

陈宇廷回答说："工资是员工最敏感的问题，公司一般都会尽量处理好，如果那个同事的能力不如我，工资还高于我，肯定是他在其他方面强于我。或者，他能为公司解决一些我们不知道的问题，所以，老板给他定了高于我的工资。在公司里，我不想与别人横着比，因为这里面有许多我不知情的东西。我喜欢把自己与自己竖着比，只要自己比自己过去升值了，就有成就感；只要认为公司给我的报酬与我的能力匹配，心理就不会不平衡，还会感到干得挺有奔头。"

而像什么"如果他的能力比我强，我不会有想法。如果没有我强，我肯定心理不平衡"，"如果公司对待员工是这样的不公平，肯定企业文化有问题，这样的公司只有走人"，"我当然不平衡，那我干着还有什么意思？"这类的回答都是不合适的。

结果，陈宇廷第一轮就被纳入公司人选了。

面试遇到偏题，必然心中犹豫不决，不知道如何回答，想来想去，最后答错。其实，偏题的出现，是面试官在压力面试时，根据每个人情况不同，临时提出的问题，只不过是事先没有准备而已。回答这类问题时，只要保持风趣幽默的回答风格，不要绷着脸表示你的不满，就可以拆了主考官的招，顺利地进入下一轮。

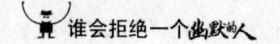

4. 幽默摆脱面试中遇到的尴尬

人们在参加面试的时候难免会紧张，所以随之而来的就是考场内尴尬场面频现。这时候，面试者该如何自处，才能既挽回自己的面子，又不被考官否定呢？那就不妨幽默一下吧，不要忘了，幽默是化解所有尴尬的最有效招数！

王栋梁创办了一个软件公司，开发了一系列软件，生意越做越大，于是要扩大公司规模，多招一些人，而他寻找人才的第一步，就来到了某名牌大学校园。

一个大学生模样的人站在他面前接受面试。"这样吧，"王栋梁说，"我这里有个魔方，你能不能把它弄成六面六种颜色呢？你看清楚，我给你做个示范。"说着，王栋梁扳起了魔方。不一会儿，那个魔方就扳好了。

"看到了吗？"王栋梁说，"你也来做一遍吧。"

那个大学生拿着魔方，面有难色。

王栋梁看了看身边的助理，便对大学生说："如果你没考虑好，可以把魔方拿回去考虑。我直到星期五才走。"

等那个大学生走了后，助理问王栋梁："老板，这就是你独创的考题？"

"是啊，我会根据他的做法，来判断给他安排什么职务比较合适。"

助理说:"他要滑怎么办?他把魔方带回去之后做些什么,我们是不知道的!"但王栋梁笑笑说自己自有打算。

那个大学生第二天早上把魔方还给了王栋梁。他没有做到,于是新买了一个六面六种颜色的魔方给王栋梁!他说:"你的魔方我扳来扳去都无法还原。所以我新买了一个,它比你的那个更大,更灵活!"

王栋梁接过魔方,摇摇头,失望地说:"要是你把魔方拆开,然后一个个安上去。这就说明你敢做敢为,就可以从事开拓市场方面的工作;如果你拿漆把六面刷出来,就说明你很有创意,可以从事软件开发部的工作;如果你昨天下午就把魔方拿回来,就说明你非常聪明,领悟能力强,做我的助理最合适了;如果你星期三之前把魔方拿回来,说明你请教了人,也就是说你很有人缘,可以让你去客户服务部工作;如果你在我走之前拿回来,说明你勤劳肯干,从事低级程序员的工作没问题;如果你最终拿回来说你还是不会,那说明你人很老实,可以从事保管和财务的工作。可是你却买了一个新的,那我就爱莫能助了。"

在场的人都看到了王栋梁否定这位学生的整个过程,他可谓是十足的丢面子、十足的尴尬。他的脸青一阵白一阵,但突然笑了出来,说:"如果是这样,你还是应该雇用我!"

"为什么?"王栋梁一副愿闻其详的模样。

"因为你的公司是开发软件的,我买了一个比原来更大、更灵活的,说明我绝对有做盗版的潜力!如果你不聘用我,将来我帮其他公司盗版你公司的产品,你可就要后悔了!"

王栋梁一听,忍不住哈哈大笑起来,并满口答应:"好,我聘

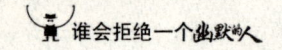

用你！"

可见，幽默一下，不仅能化解面试中的尴尬，还能重新赢得主考官的青睐，得到工作机会。

5. 妙用风趣语言，让演讲深入人心

演讲是在比较正式的场合对众人所作的一种带有鼓动性、说服性、抒情性和表演性的讲话，但是，不能因为它比较正式，演讲人就一定要端起架子，板起面孔，作枯燥无味的陈述。所以，营造幽默轻松的气氛是使演讲易于被人接受的一种高明的方法。

许多优秀的演讲者都善于以幽默风趣的语言紧紧抓住听众的注意力，使听众在会心的笑声中与他产生共鸣，从而比较容易地接受并牢牢记住他的观点。

林肯在竞选总统时发表了这样的演说："有人打电话问我有多少钱，我告诉他们我是一个穷棒子。我有一位妻子和一个儿子，他们都是无价之宝。我租了一间房子，房子里有一张桌子和三把椅子，墙角有一个柜子，柜子里的书值得我读一辈子。我的脸又瘦又长，且长满胡子，我不会因发福而挺着大肚子。我没有可以庇荫的伞，唯一可以依靠的就是你们。"

这样一番绝妙的演说，使林肯成功地为自己在公众面前树立起一个清廉诚实、平易近人而且极其幽默的形象。谁能抗拒这种感染人心的魅力呢？

为了让听众能尽快地接纳自己，除了幽默，在演讲时，还要让听众感受到你的亲切态度，拉近你们的距离，这才是最完美的方法。

陶克是一位参加过美国内战的将军，1865年，在内战结束后，他竞选国会议员，他的对手是他当年手下的一名士兵，名叫约翰·海伦。几乎所有的人都认为，功勋卓著的将军将会打败普普通通的士兵，获得胜利。

竞选演讲开始了。陶克将军慷慨激昂地说："诸位同胞，还记得17年前那个激战的夜晚吗？我率领士兵到茶座山阻击敌人。那是多么艰苦的战斗呀！但我从没想过退却，因为我知道，为了我们的国家，为了正义和自由，我愿意付出所有，包括生命。我三天三夜没合眼，血战之后，我竟躺在树林里睡着了……"

和陶克将军的演讲比起来，约翰·海伦的演讲要显得朴实多了，他说："亲爱的同胞们，陶克将军说得不错，他确实在那次战斗中立下了汗马功劳。我当时只不过是他手下的一名普通士兵，和他一起出生入死。那次，他在树林里入睡时，我就站在他的身旁守护他。当时我携带着武器，饱尝寒冷的滋味，还时刻准备着用我的身躯为他挡住随时会射来的子弹。我在心中说，我是一名士兵，我要保护将军的安全……"

约翰·海伦的一番演讲赢得了民众热烈的掌声，他出乎意料地获得了选票和最终的胜利。

约翰·海伦的竞选演讲之所以能获胜，原因在于他的演讲听起来更真实、更亲切，更容易被民众所信赖。首先，他虚心承认自己是一名普通士兵的态度，拉近了与广大民众之间的距离；再者，作为一名普通士兵，他能在恶劣的战争环境中坚守自己的岗位，兢兢业业、尽忠职守，让人觉得他更值得信赖。而陶克将军在竞选演讲中，虽然列举了自己的赫赫战功，言辞慷慨，但是始终保持着对民众的一种高姿态，不能给人以亲切、真诚的感受。因此，失利也在情理之中。

演讲者的幽默，还有亲切的态度，对演讲效果影响是非常大的，幽默能让你更贴近听众的心，赢得听众的信赖，并最终得到他们的支持。

6. 树立幽默的演说风格，增强你的个人魅力

幽默的风格，在职场演讲中具有十分重要的价值。不止于此，幽默还渗透在我们工作的方方面面。有时在宴会上，在学校里，在座谈会上，在公共集会上，或者在其他的社交场所，我们每个人几乎都有和别人发生争辩的时候。细心回顾一下，如果你能掌握幽默讲话的技巧，那么，恰如其分的幽默，就会使你摆脱窘境。

有人认为，事业或工作上的复杂人际关系，迫切需要幽默的力量，这样我们就会摆脱许多不必要的麻烦。有的人在职场演讲的时候，感到紧张不安，其实学会幽默可以摆脱不安。当然，真正做起来可不这么简单，其中蕴含着许多规律，需要我们好好学习。

例如，有的人讲了一个多小时，大家没有听出什么新东西。其实，穿插一两个小小的诙谐幽默的故事，可以比他一个小时讲的东西还要丰富，长篇大论不比短小精悍、言之有物有价值。许多人对

自己讲话能否成功没有把握,其实并没有那么艰难,只要深刻有力就行了,不必追求名扬四海,流传千古。

学会在职场演讲中运用幽默的力量,是非常有好处的。幽默能使你变得受欢迎,幽默会让你给人们留下一个可亲可敬的形象,你的观点也就更容易为大家所认同。

有人认为,职场演讲通常的开场白有两种方式,一种是速成式,就是要在开场时立刻抓住听众的注意力;另外一种是缓慢式,不妨先用几分钟的谈话使听众们了解你要讲些什么,有什么好的东西可以拿出来与大家共同分享。无论是哪一种开场白的形式,幽默的力量都可以帮助你顺利地把演讲引入正题。这样有趣的开场白会在你和听众之间建立起成功的联系纽带,直至你的演讲结束。

有位辩论家说:"据我了解,发挥幽默力量的一个重要目的就是让听众赞成并喜欢你和你所说的话。要是他们喜欢上了你,那么肯定就会喜欢你所作的演讲。"

有人在演讲中常常通过开自己玩笑的方式来表达自己的观点,曾经有人在谈到时间的重要性不容忽视时说:"我记得在第二次世界大战时,有人让我们吃些小药片,以使我们不想女孩子。直至最近我才发现药片开始发挥作用了。"这种把幽默的力量对准自己,借以表达某种观点时,就能和听众建立紧密的沟通关系。

一次演讲刚开始,演说者的开场白立刻引起了大家的兴趣:"人们都羡慕我到了这把年纪还保持着良好的体形,我要把功劳全部归于我的夫人。25年前我们结婚的时候,我曾经对她说:'希望我们以后永远不要争吵,亲爱的。不管遇到什么烦心的事,我决不和你吵架,我只会到外面去走一走。'所以,诸位今天能看到我保持着良好的体形，这是 25 年来我每天都在外面走一走的结果！"

因为幽默的开场白，造成了有利气氛，这是成功因素之一。随着论辩逐步进入主题阶段，更需要你继续付出努力，紧紧抓住听众的注意力。

演讲者应该知道，人的注意力的集中是相对的、暂时的，因为人们的思维活动是一刻不停的，在吸引听众注意力方面不能指望一劳永逸。一旦演讲者用平淡的口气叙述时，听众就会感到乏味，注意力就难免要分散。有人评价这样的演讲者说："当他讲完的时候，全场一下子苏醒过来，人们都愿意伸个懒腰。"只有巧用幽默才可以避免在职场演讲中出现这种局面。

作为主讲人，你必须时时观察听众的反应，一旦意识到有的听众已经转移了注意力，就要努力将其拉回来。你可以改变一下话题，或者是换一种讲话的方式。用一句俏皮话或一则笑话把幽默的力量再次传达给听众。

假如你正在讲有关季节性或周期性的问题，你就可以这样说："我发现，满月的日子里犯罪率较高，这很好解释，因为小偷和强盗在这种时候看得比较清楚。"

如果你正讲到人与人之间的关系问题，那么你就设法用一句幽默的话重新引起听众的注意："今天的世界上恐怕不仅充满了爱，还有些别的东西。如果你在夜里看到两个人手拉手并肩行走，也可能其中有一个人是强盗。"

若是在讲述推销工作，你可以举一例子："有位不错的推销员，经过不懈努力，终于使那位年轻美貌的女招待对他点了点头。他是问那姑娘今天晚上是否很忙。"

要知道，幽默应当与演讲的内容密切配合，并使这个幽默成为你所要传达的信念之一，而不要讲那些与演讲内容毫无关系的幽默故事。如果你说个笑话只是为了引得众人笑上一阵，那听众的注意力人仍会随着笑声的消失而再度分散。

7. 临场演讲，发挥你的幽默风格

演讲的种类有许多，有命题演讲、学术演讲、论辩演讲等，用得多的还有临场演讲，就是演讲者事先未做准备，是临场因时而发、因事而发、因景而发、因情而发的一种演讲方式。

临场演讲，要善于临场发挥，随机应变，幽默机智地发现演讲现场可利用的人、事、物，并将它们现"炒"现"卖"，做成听众喜闻乐吃的"精神大餐"，为演讲增添光彩，为听众奉献精彩。

有个很出名的演讲比赛，名为"演讲与口才杯"，主题是"做文与做人"。白岩松也参加了这场比赛，并获得了成功。在白岩松演讲之前的选手是《西藏日报》的记者白娟。她极富感染力地向大家讲述了自己作为一个驻藏记者的自豪和作为母亲的心酸。她常年战斗在雪域高原，与儿子在一起的时间每年只有3个月，而且每次都是和儿子刚混熟又不得不分手。她的演讲情真意切，令人动容。白岩松紧接着上场说："我是一个两岁孩子的父亲，我知道，在一个孩子一岁半到两岁之间，没有母亲在身边，对于母亲来说是怎样的一种疼痛，我愿意把我心中所有的掌声，都献给前面的选手。"他的话音刚落，全场就响起了一阵雷鸣般的掌声。

在前面那位参赛者令人感动的演讲后，如果紧接着就开始自己的演讲，就收不到很好的成效，因为听众还沉浸在前一位演讲者的深情演说中，所以白岩松就地取材，表达出自己真诚美好的敬意，顺应了现场观众的心理需求，激起感情的又一个高潮，既赞扬了别人，又为自己的演讲助兴。在把掌声献给别人的同时，也为自己赢得了掌声。

即兴演讲难就难在没有任何准备，这就需要演讲者挖掘当时当地的素材，为自己的演说服务。

即兴演讲，应以短而精为佳，虽然简洁，但内容精辟，结构严谨，更能给听众带来一定的冲击力和震撼力！

临场演说的难度更大，想要赢得听众的共鸣就更难，我们不妨运用幽默来为自己的演讲加分，同时还可以调动现场的气氛。

8. 巧用幽默化解演讲中的尴尬

幽默是一种言语或行动，它不是武林绝技、刀枪剑棍，也不是排山倒海的兵力，它是知识与智慧的综合，在知识之力、智慧之力的辉映下，幽默就具有了化险为夷的魔力。当你处于受人非难的尴尬处境，处于四面楚歌的危情急境，幽默能给你转败为胜的力量。演讲过程中，有时会发生一些意外事件，令演讲者尴尬或者造成现场秩序混乱等，这正是幽默的用武之地。

幽默是调节现场气氛的润滑剂、缓冲剂。它像一座桥梁拉近了演讲人与听众之间的距离，使陌生的心灵变得更亲近，以最敏捷的方式沟通感情，融洽气氛；以轻松的形式化解矛盾和尴尬。同时，幽默还表现出一种诙谐，一种才华，一种智慧，使人们能置身于轻松有趣又能领悟哲理的环境当中。因此，幽默成为大家共同追求和倡导的一种品质。

南非前总统曼德拉有一次在全非洲领导人参加的重要会议上演讲，因为年龄大了，他不小心把讲稿的页次弄乱了。曼德拉边整理讲稿边风趣地说："你们要原谅一个老人把讲稿的页次弄乱，不过我知道在座的有一位总统，也曾经把讲稿弄乱，但是与我不同的是，他没有发现而是照样往下念。"会场顿时响起经久不息的掌声，因为演讲中断而带来的尴尬也烟消云散。

到演讲结束时，曼德拉又说："感谢大会授予我卡巴勋章，我现在退休在家，如果哪一天缺钱花了，我就拿到大街上去卖。我知道在座的有一个人一定会花大价钱买的，他就是我们的总统姆贝基。"姆贝基和在座的所有人都被曼德拉的幽默感动了，他们起立为曼德拉鼓掌，目送这位风趣的老人退场。

应对意外最好的办法就是准备周全，还要聪明地应变，化尴尬为戏剧性的幽默和自嘲，这点乔布斯值得我们学习。

乔布斯在 WWDC 发表专题演讲介绍苹果的新产品 iPhone 4，讲了大约 40 分钟时，突然停顿下来。他原本想向听众展示用 iPhone 4 的视网膜显示器（retina display）功能呈现的网络文字，与用 iPhone 3GS 有什么不同，但在 Moscone West 会议厅里的 Wi-Fi 网络显然不合作。只有一部手机的浏览器视窗成功下载文字，另一部手机除了上方显示下载进度的蓝色长条填满一半外，屏幕是空白一片。

乔布斯默默摆弄了一下手机，然后说："啧啧，我想，今天无法向你们示范太多东西。但我可以向你们展示一些图片。"于是他继续作报告。他曾尝试再次展示手机的浏览器功能，但还是不成功。

他向在座的开发者与媒体表示："各位，真抱歉，我不知出了什么状况。"他问，"有人有建议吗?"讲台后方某人高喊："换 Verizon（电信运营商）啦!"这引起观众一阵笑声，但乔布斯很平静地说："我们现在用的其实是 Wi—Fi。"

在演讲的过程中，可能会出现各种各样的意外情况，让人特别尴尬，这些都是不可避免的。所以，面对尴尬情况，演讲者一定不能当场发作、大发雷霆，如果你能运用智慧幽默地化解尴尬，不仅不会让你的演讲搞砸，反而会为你的演讲锦上添花，让更多的人佩服你的机智和才华。因此，如果你在演讲的时候遭遇了意料之外的尴尬场面，大可不必惊慌失措，只要你冷静下来，运用幽默调侃的神奇力量，转眼间就能化腐朽为神奇，赢得众人的喝彩。

9. 匠心独运的开场白，让你在瞬间抓住听众的心

文章开头最难写，同样道理，作演讲开场白最不易把握，要想三言两语抓住听众的心，并非易事。如果在演讲的开始听众对你的话就不感兴趣，注意力一旦被分散了，那后面再精彩的言论也将黯然失色。因此只有匠心独运的开场白，以其新颖、奇趣、敏慧之美，

才能给听众留下深刻印象，才能立即控制场上气氛，在瞬间集中听众注意力，从而为接下来的演讲内容顺利地搭梯架桥。

1863年，美国葛底斯堡国家烈士公墓竣工。落成典礼那天，国务卿埃弗雷特站在主席台上，只见人群、麦田、牧场、果园、连绵的丘陵和高远的山峰历历在目，他心潮起伏，感慨万千，立即改变了原先想好的开头，从此情此景谈起：站在明净的长天之下，从这片经过人们终年耕耘而今已安静憩息的辽阔田野放眼望去，那雄伟的阿勒格尼山隐隐约约地耸立在我们的前方，兄弟们的坟墓就在我们脚下，我真不敢用我这微不足道的声音打破上帝和大自然所安排的这意味无穷的平静。但是我必须完成你们交给我的责任，我祈求你们，祈求你们的宽容和同情……

这段开场白语言优美，节奏舒缓，感情深沉，人、景、物、情是那么完美而又自然地融合在一起。据记载，当埃弗雷特刚刚讲完这段话时，不少听众已泪水盈眶。很显然，这样至情至性的开场白已经深深勾起了人们继续听下去的兴趣。

当然，除了以情动人的精妙开场白，在演讲的时候，我们还可以以"笑"开场，如果一开始就能让听众以欢快的笑声作出回应，那么你的演讲也就成功了一半。

2009年7月17日下午，素以科学家的专业严谨著称的诺贝尔物理学奖获得者、美国能源部长朱棣文在天津大学"北洋大讲堂"上"严肃"地强调发展中国家在经济发展的同时要更加关注节能环保和气候变化，同时展现了其风趣幽默、诙谐潇洒的一面。

"事情的发生都是具有偶然性的，我的出生就是这诸多偶然性之一。我的父亲很帅，我的母亲很漂亮，但是到了我这儿就出了'意

183

外'了。"朱棣文幽默的开场白很快将"北洋大讲堂"的现场调节成较为轻松的氛围，为他接下来的专业演讲做了很好的铺垫。

演讲中的第一段话十分重要，你需要在第一段话就运用幽默牢牢抓住你的听众，而不要等第二段、第三段……高尔基说："开头第一句是最困难的。它好像在音乐里给了全篇作品以音调，演讲者往往要花费很长时间才能找到它。"

1935年3月7日，高尔基应邀在苏联作协理事会第二次全体会议上讲话。当代表们听到高尔基的名字时，长时间热烈地鼓掌与欢呼，高尔基舍弃准备好的开场白，即兴地开始他这次的讲话——"如果把花在鼓掌上面的全部时间计算起来，时间就浪费得太多了"。这时，台下响起一片笑声。

这个开场白实在是好，它对演讲现场的情景轻松幽默地作了评价，使大家倍感亲切。而且这个开场白也体现出高尔基良好的修养，从而吸引听众听下去。

对于一场优秀的演讲来说，开场白是非常重要的。因为演讲就是靠它来打开局面，将听众引入正题的。而一个好的开场白，是演讲成功的一半，它能抓住听众的心，吸引听众的注意力，达到引人入胜的效果。相信每一个演讲者都懂得先入为主的道理，如果你在一开始就给人留下了糟糕的印象，无论你后面的演讲多么精彩，也很难扭转局面。所以，作为一个优秀的演讲者，必须在一开始就牢牢抓住听众的心。

10. 结尾精且巧，演讲会令人回味无穷

美国演说家乔治·柯赫说："当你说再见时，你必须使听众微笑。"在一场演讲中，精巧的结尾如绕梁之余音，袅袅不绝，会使听众余兴未阑，回味无穷。美国作家约翰·沃尔夫认为："演讲最好在听众兴趣未尽时戛然而止。"其意就是说，最好在演讲达到高潮时果断"刹车"，以此来强化给听众的最佳印象。

拿破仑说过："兵家成败决定于最后5分钟。"我们同样可以说，演讲的成败在相当程度上取决于演讲的结尾。这是因为，如果演讲者设计和安排的演讲开头和高潮精彩，再加上有一个出人意料、耐人寻味的好结尾，那么，就如同锦上添花，会给听众带来一种精神上的愉快和满足。

相反，如果演讲者设计和安排的结尾没有新意且平乏无力，没有激起波澜且陈旧庸俗、索然无味，那就会使听众深感遗憾，失望而去。因此，演讲的结尾要比开头和主体部分要求更高，内容要更有深度，语言要更有力度，方法要更巧妙，效果要更耐人寻味。可见，演讲的结尾是走向成功的最后一步，它在整个演讲中起着不可忽视的重要作用。

2008年12月27日，在第四届全国校园文学研讨会上，于丹做了精彩的演讲，在演讲的结尾，于丹以一个故事作为祝福送给所有听众：

有个刁钻的年轻人想为难睿智的老酋长,抓了只小鸟问老酋长:"你说这小鸟是生还是死呢?"年轻人盘算着,如果老酋长说是生,他就暗中加把劲将它捏死;如果老酋长说是死,他就张开双手将它放飞。思索一番后,年轻人信心十足地等待着胜利。只见老酋长慈祥地笑了笑,拍了拍年轻人的肩膀说:"生命就在你的手里。"于丹借着这个故事说:2009年,无论将遭遇多少风雨,无论将直面多少荣光,我向上天祈祷,我不求命运完全掌握在自己的手里,只希望无论面对什么困难,我都毫不畏惧!面对未来的每个日子,无论是2009年还是更远的将来,我想,我们每个人生命的未来都掌握在自己手里。

于丹善借故事倾吐心声,涵义隽永而含蓄蕴藉,又与主题紧密相连,把寓意深刻的道理讲得耐人寻味。接着巧用名言"我们每个人生命的未来都掌握在自己手里",升华了主题,讲得字字珠玑、铿锵有力,自然会收获热烈的掌声。可见,结尾讲故事,演讲效果好。

好的结尾能揭示题旨,加深认识,给听众留下完整深刻的印象;能收拢全篇,使通篇浑然一体;能鼓动激情,促人深思,令人觉醒,能让听众在反复回味中受到教育和启发。所以,每位演讲者不仅要熟练地掌握演讲结尾的艺术技巧,而且要善于设计,安排出既符合内容要求,又切合演讲时境的新颖而又精彩的结尾,只有这样才能使自己的演讲取得全面成功。

俗话说:"编筐编篓,重在收口;描龙画凤,难在点睛。"演讲的结尾,可说是演讲的"收口之作""点睛之笔",其重要性与难把握性不言而喻。巧妙利用以上演讲结尾方式,相信能使你的演讲完美"收官",达到满意的效果。

第八章

在管理中施展你的幽默范儿，增强管理者的个人魅力

有人说做职员容易做管理者难，管得轻了效果不佳，管得重了会引起员工的反感，看来要做一个好的管理者确实不太容易。这个时候就需要运用幽默式的管理方法。

克雷夫特公司总裁毕尔斯认为："幽默感是衡量一个领导者是否具有活泼、弹性心智的重要标志。有幽默感的人通常不会把自己看得太重要，而且比较能做出好的决策。"在管理过程中，缓解紧张的工作气氛、传达不好的突发事件，凝聚人心、批评下属、激励员工等等，都需要运用幽默的说话艺术，它能有效地消除管理者与员工之间的矛盾和冲突，能使管理更具人性化，让管理也更有成效。所以，身为管理者，一定要掌握幽默的管理艺术，一方面以增强管理者的个人魅力，另一方面也可以提升管理成效。

1. 在紧张的工作中加点笑料

身为管理者，总是希望能有足够威慑力！所以，一些管理者在下属面前总免不了简单粗暴地处理问题，最终导致下属产生强烈的逆反心理，这样不仅达不到目的，而且还会加剧管理者与下属的对立情绪。而聪明的管理者就非常注意方式方法，包括自觉运用幽默，给紧张的工作增加点笑料！

幽默作为一种激励艺术，在工作中有着重要的作用。尤其是对于管理者来说，如果富有幽默感，则很容易在自己的周围，聚集一批为他效力的员工。所以说，幽默的管理者，永远比到处发威的人更受欢迎。

亚伯拉罕·林肯是美国历史上的一个谜。他出身贫寒，自学成才，成为美国最受欢迎的总统之一；他一生充满坎坷，饱受挫折，却不屈不挠地追求个人的政治抱负；他的长相普通，不修边幅，然而他却迷倒了千百万美国人。是什么使林肯在民众心中具有这样的好印象呢？是幽默。

林肯在面对接踵而至的生活不幸和烦恼时，学会了用幽默升华。他原本是一个极为不苟言笑的人，但为了使生活充满阳光，他尽量改变性格。林肯每晚要看幽默文集才会入睡。他还喜欢给别人讲笑话。笑，成了林肯缓解压力的最佳药方。

在林肯的一生中，挫折是他生活的主旋律，抑郁是他人格的大敌，但他学会了用幽默来化解这一切。在这当中，林肯不但改写了美国的历史，同样也影响了美国管理者的管理风格。在他之前，美国总统一直都是一副不苟言笑的职业形象，在他之后，幽默成为总统的一种能力。由于他的幽默，美国民众也从早年清教徒般的刻板的生活方式中解脱出来，幽默自此成了美国文化的风尚。

幽默不仅在林肯的身上发挥着巨大作用，对于其他管理人来说，幽默在赋予了他们威严的同时，还带给了他们更多管理者所应该具有的魅力。

幽默也可以增强管理者的战斗力。生活中，有一些管理者在处理政治生活中的矛盾冲突时缺乏冷静的头脑，或是大发雷霆，或是大打出手，或是动辄兵戎相见，因而促成了不少悲剧的发生。但贤明机智的管理者往往能以幽默为其无形的匕首和投枪，心平气和地在欢声笑语中令其政治对手处于尴尬的境地。

幽默还能增强人的亲和力。一些管理者受传统思维方式影响，一本正经，不苟言笑，往往使下属对其产生距离感敬而远之，或者产生蔑视感而无视其管理。然而那些说话轻松幽默、自然洒脱而又待人真诚、行事干练的管理者，往往能赢得下属的爱戴和欢迎。曾为中日邦交正常化立下汗马功劳的日本首相田中角荣，就是通过幽默诙谐的言谈举止，一改初期的呆板形象，从而赢得了大众的好感。

那么怎样才能成为既有"官范儿"又不失幽默的管理者呢？

首先，拓宽自己的知识面。当管理者要博览群书，知识积累得多了，与各种人在各种场合接触就会胸有成竹，从容自如。

其次，提高观察力和想象力。管理者要善于运用联想和比喻。

作为一名企业的管理者，要有意识地训练自己对事物的反应和应变能力。

然后，增强社会交往能力。多参加社交活动，多接触形形色色的人，也能够使自己的幽默感增强。

最后，培养高尚的情趣和乐观的信念。一个心胸狭窄、思想消极的人是不会有幽默感的，幽默属于那些心胸开阔，对生活充满热忱的人。

2. 给语言涂点幽默色

爱默生曾说，一个人想主宰世界的话，就必须先使这个世界充满乐趣。如果把这句话用在领导艺术上，便可以转化成：一个人想主宰一个集体的话，就必须先使这个集体充满乐趣。因此，幽默便成为一种激励艺术，成为领导者调节气氛、与下属拉近关系、化解尴尬和维护员工自尊的有效手段。

历史上也有很多重要人物因为善于运用幽默而成为了领导者的典范。有一次，林肯与一位朋友边走边聊天，当他们走到回廊时，一队在那里等候多时、准备接受总统训话和检阅的士兵突然齐声欢呼起来。林肯的朋友被眼前的场面吓呆了，忘记了此时自己应该赶紧退到一边。一位副官见状，便走上前来，客客气气地提醒林肯的这位朋友应该退后几步，这时，这位朋友才意识到自己失礼了，顿时涨红了脸，尴尬得不知所措。林肯却不以为然，依旧微笑着对着朋友调侃道:"白兰德先生,你要知道他们也许还分辨不出谁是总统呢!"大家都笑了起来,尴尬的气氛顿时被这样一句幽默的话语打破。

艾森豪威尔曾经也有过这样一段轶事:

二次大战末期,在一次战役期间,一位士兵偶尔路过莱茵河畔时,刚巧遇上艾森豪威尔在那里散步。这位士兵在毫无心理准备的情况下突然见到最高指挥官,当然是吓了一跳,顿时紧张得不知所措。

艾森豪威尔见状,便笑容可掬地问他:"见到我感觉怎么样,小伙子?"

"将军,我紧张得都……都说不出话了……"士兵结结巴巴地如实相告。

"哦,那太好了!"艾森豪威尔一本正经地说,"那我们可真算得上是一对儿了,我也是如此感觉。"士兵笑了,气氛缓和了下来。

从管理学角度来看,幽默不仅是协调生活的必备手段,它还与提高生产效率相辅相成。美国曾在1160位管理者中做过一项有关幽默的调查,调查结果显示:77%的管理者会在员工会议上利用讲笑话来打破僵局;52%的管理者认为幽默有助于其开展业务;50%的人认为企业应该考虑聘请一名"幽默员工"来帮助员工放松神经;39%的人提倡在员工中开展"开怀大笑"的活动。的确,在竞争加剧和经济动荡的状态中,员工不得不面对和承受超乎寻常的压力。美国欧文斯纤维公司曾在新世纪之初解雇了40%的员工,后来考虑到由此事可能引起的种种问题,管理层便聘请了专门的幽默顾问,在公司内开展了各种幽默活动,并利用两个月的时间对1600多名员工实施了幽默计划，结果，这次大裁员并没有引起诸如聚众闹事、威胁恐吓或是以自杀相要挟等过激行为。

当幽默成为魅力和亲和力的代名词时，很多领导者也逐渐地意识到这样一个事实：那就是幽默的领导者比古板严肃的上司更易与下属打成一片，也更容易使下属与自己齐心协力。善于运用语言魅力的领导们，便能通过幽默鼓励员工们在保持士气的同时，又激发起他们的创造性。为此，你可以从以下几点去做：

（1）把幽默当作一种态度

幽默是管理者必须具备的一种优美、健康的品质。幽默是一种生活的态度，它的出现并不需要太刻意，这样便因为太过于做作而失去了它本来的趣味。幽默的领导者不可或缺，但是每句话都把人逗得捧腹的领导者，想来也不会有什么威信。

幽默是思想碰撞后产生的火花，出其不意才能激发出效果，所以是需要创造和随机应变的，那些生搬硬套来的幽默并不会在下属那里取得应有的效果，下属不会因为上司绞尽脑汁才得来的轻松话语而感恩；当两个同事因为一个问题争得剑拔弩张时，上司的一句"我来给大家讲个笑话"的话语，并不会让气氛缓和下来，相反，大家或多或少都会感到有点儿"冷"。

（2）幽默时再幽默

我们强调着幽默在领导艺术中的作用，但并不是暗示做领导的就该时时刻刻插科打诨，这样的幽默不仅起不到想要的效果，就连领导者的威信，也会因此而受到挑战。因此，幽默在领导艺术中是一种提升领导力的智慧，它的出现也是要分场合的。当下属在一个相对正式的场合中发言时，你突然有感而发，冒出一两句逗人发笑的话，大家也许会被你的笑话逗得前俯后仰，可发言者却会因为你对他的"不尊重"而尴尬不已：我是不是哪里说得不对？领导是不是不爱听我说的？

（3）要幽默，不要嘲讽

幽默与嘲讽之间，其实是有着严格界限的。幽默是人与人之间进行的平等而愉悦的人格互动；而嘲讽则是将对方的缺点无限放大到众人面前。对领导者而言，偶尔与下属幽默一下会提升下属对你的好感；但如果你的幽默带上了嘲讽的意味，这只能使下属产生挫败感。

有一位员工的字写得特别难看，领导看后，便大大咧咧地笑着对大家说："我看完你的字啊，就觉得是百爪挠心，小学生都比你写的好看，你的语文课是英语老师教的吧！"大家哄堂大笑，这个下属窘得恨不得找个地缝钻进去。其实，这位领导还不如把话说成这样："一看你小时候就没跟庞中华打过交道。"大家会笑，这位下属也会笑。

3. 你有幽默应对突发事件的能力吗

管理者在工作过程中，有时会遭遇一些意料之外的事件。如果管理者没有幽默应变的能力，处理不当，就会使信息交流受阻，影响工作目标的实现。

幽默在管理者的工作中最直接的表现形式就是幽默应对工作中

的难题，与此同时，幽默还可以给他带来会心的喜悦，摆脱困境，增进与别人的相互了解，改善关系等作用。

在一次企业管理学的讲座上，主讲的是一位年轻的教师，面对众多资历深厚的经营者，他是这样开场的："在座各位都是著名的企业管理者，年纪也都比我大，在企业管理上都有自己独到的经验，在这一点上，我当诸位的学生还怕不够格呢。那么，我有什么可讲给大家听的呢？我只不过是将世界上最先进的企业管理学者们的理论和思想传达给大家，所以，大家以后只要把我看成世界级企业管理大师们的布道者就行了。"

大家听后，都会心一笑，现场气氛活跃了起来。而这位青年教师，也通过这段幽默的开场白，表达了自己在管理经验上的不足，取得了在座著名企业家们的认可，又通过含蓄幽默的话说明了自己在企业管理理论上还是有一定造诣的。就这样，青年教师在博得了一阵笑声的同时，也改变了企业管理经验丰富的学员们对自己的不信任态度。这就是随机应变的幽默在应对工作难题方面的表现。

身为管理者，很多时候都需要幽默的作用和力量。但幽默到底是什么？它的涵义是什么？这是一个极难回答的问题。自古以来，许多伟大的思想家都寻求过它的答案，但是没有一个人能够做出尽如人意的简练回答。

有的学者提出："幽默是一种有趣、可笑、含蓄、意味深长的事物，它是以正派的作风、高尚的品德情操和理想为基础的言行表达方式。"有的学者提出："幽默是事物的一种性质，它能使举座欢快，给人带来乐趣。"

所以人们常用"幽默力量"一词来形容幽默在工作中的巨大作用，那么，它到底体现在哪些方面呢？

首先，幽默可以帮助我们摆脱窘境。

幽默教会我们如何摆脱窘境，它可以帮助我们解决人际关系中的难题。英国有一位女议员阿斯特曾挑衅性地对丘吉尔说："如果我是你的妻子，我会在你的咖啡里下毒。"丘吉尔反唇相讥道："如果我是你的丈夫，我会喝下那杯咖啡的。"简单的一句幽默话语，使丘吉尔顷刻摆脱了困境。

其次，幽默地表达可以起到缓冲作用。

在工作中，并不是所有的观点都可以正面作答的，常常会遇到需要否定对方意见的情形，弄得不好，是一件失礼的事，幽默地否定对方的观点常能起到弥补作用。

有人邀请他的一位同事去打高尔夫球，这位同事并不惧怕太太，也不想取笑太太，只是为了推托打高尔夫球的邀请，便回答道："很抱歉，我太太不喜欢我打高尔夫球。"那人取笑他说："看来你怕她。你是男子汉，还是只老鼠？"气氛一下子紧张起来了。可这位同事却幽默地回答："我是男子汉，而我太太怕老鼠。"一句幽默的戏谑回敬了同事，大家都笑了起来。

最后，幽默使人改变悲观的心境。

民间流传的"学会三出戏，一辈子不怄气"的谚语，说的就是：当我们遇到苦恼和失意时，若用幽默对待人生，虽未必能改变现实，却可大大地改善自己的心境，使之着眼于光明而积极地生活。在国外，有些国家的公民对政府官员贪赃枉法、不清不廉的行为表示不满时，常常也用极为幽默的言语来表述。比如在非洲国家就流传着这样一句妙语:"政府就是买下了撒哈拉沙漠,5年之后砂子也会短缺。"

是否懂得幽默,是一个管理者是否具有应变能力的集中体现。当工作中遇到困难时,能用幽默的语言和诙谐的玩笑,使紧张的气氛变得轻松,使窘迫的场面变得自如,使危急的形势得到缓解,使被动变为主动。这些都是身为管理者所应该具备的能力。

4. 幽默管理,效果更好

从管理学的角度来看,幽默应该成为一个管理者的手中宝。当今社会,竞争在加剧,经济越发动荡,企业员工面临着超乎寻常的压力。对公司而言,如何保持员工的士气,同时又能激发他们的创造性和突破桎梏的思维显得比任何时候都重要。

美国加利福尼亚州太阳微软件系统公司的技术人员们,每年都要精心策划一场"愚人节"闹剧。有一次,公司总裁斯格特·卡尼拉上班时发现,他的办公室变成了一个微型高尔夫球场,而且满是用砂子设置的小陷阱。公司管理人员没有把这番闹剧和肇事者加以惩处,反而对他们的行为大加赞赏。他们认为:这种闹剧(幽默)不仅可以使员工们在工作中通力协作,而且还可以鼓舞士气。

在管理中,幽默还是一种非常有效的减压方法,在压力极大的情况下,一句幽默的话语能让人马上转变心情,鼓舞团队士气。如今大多数管理者都喜欢采用立军令状的手法分派任务,这样一来,时常会给下属造成巨大的压力。假如通过幽默手法，或许更能激励下属。

一次，林肯对手下的两员大将格兰特和希尔曼说："你们知道我为什么喜欢你们吗？"两人对此表示不解。"因为你们从不给我找麻烦。"他的这句话一方面肯定了两人打硬仗不讲条件的优点，一方面继续提出了要求，让两位将军备受感动。

员工之所以愿意与幽默的主管共事，很多时候是因为主管的幽默，会帮助员工摆脱许多尴尬的情况，员工保住了面子，自然会为有这样的主管而高兴，并为之勤奋工作。

幽默的管理者只要他一张嘴，就能把下属"哄"得高高兴兴地去工作。幽默的管理者一定会和下属打成一片，让下属有"大家是一体"的感觉，而不是事不关己地站在岸边指挥。同时他也会创造足够的激励条件，给下属荣誉感。遇到这样的主管，下属就算做出让步也是情愿的。

幽默的管理者比古板严肃的管理者更易于与下属打成一片。有经验的管理者都知道，要使身边的下属能够和自己齐心合作，就有必要通过幽默使自己的形象人性化。

幽默感也是一种平等精神的表现，管理者在嘲笑别人的同时，也勇于自嘲，让下属感到绵绵的亲和力。更重要的是，幽默感使人富于创新思维和同情心，无时无刻不在追求烦恼中的快乐、冲突中的和谐。幽默让管理者用新的视角和积极的态度去看待困难和问题，幽默也是管理者必须具备的一种语言艺术，用幽默手法管理下属，调解矛盾，往往能收到奇效。

据心理学研究表明，幽默是一种善于捕捉生活中乖谬现象的敏感力，也是一种巧妙化解人际关系冲突的智力。幽默不但使自己变得思维敏锐，笑颜常开，还会使他人胸襟豁达，善于思索。

许多管理人员终日忙于日常事务，忙于如何使客户更加满意……他们被工作压得愁眉苦脸。如何才能改变这一状况呢？幽默即是减轻工作压力的一种有效途径。幽默咨询专家们发现，通过实施幽默计划管理，许多公司的经济效益有了飞速的增长。《压力下的最佳生存手段：笑》的作者麦特·尔夫说："我们的公司在经济衰退时却有了很大的起色，奥秘何在？就是笑！"

随着越来越多的公司管理者意识到笑声的神奇作用，他们已将其纳入公司发展的研究项目之中。如今，在成千上万家充满活力的企业里，你能看到无处不是笑声连绵的雇员。这就是你能给予他们完成工作的方式，而不是铁板管理。这些幽默员工正好成为应对变化和不确定因素的生命线，你赋予他们自由的笑声，他们就带给你健康的工作环境，还能带动其他成员团结一心，使整个集体拧成一股绳，共同面对险境。

5. 幽默的管理能降低跳槽率

一个幽默的管理者，给公司带来的不仅是一个良好的工作氛围，还有强大的凝聚力。

试想，公司有一位睿智、幽默的管理者，他的幽默不仅给办公室营造了宽松的工作氛围和融洽的人际关系，还给下属带来了做事的激情。许多不愉快的事,在他幽默的语言和处世方法中得以化解。有这样一位幽默的管理者,大家都很开心,这家公司的跳槽率必然是最低的。

孙建伟以前有位老领导,他实施的完全是家长式的管理,所有的职工都好像是他的孩子,如果做错了事,他会当众严厉地批评你,就像父亲训斥调皮的儿子;但是如果有事找他帮忙,他又会是二话不说全力以赴,就像给孩子解决难题。不可否认,在他的管理下,工作都完成得很顺利,而且他也给孙建伟和员工们争取了很多福利,下属对他是绝对尊敬。但这尊敬里面,包含了很多畏惧。孙建伟每天去上班总是战战兢兢,唯恐出什么纰漏,一根神经总是紧紧绷着。

后来孙建伟换了一个单位,管理者是个中年人,他最拿手的本领就是开会。以前开会孙健伟总想睡觉,但这位管理者开会不管多长时间员工都不会犯困,他不仅思路清晰而且妙语连珠,常常引来满场笑声。关键还在于,他不是乱幽默,而是在让大家笑的同时把自己的工作思路传递给了每个职工,而且在工作的时候他挺严肃的,但在企业联欢会上又是他发挥幽默的时候。总之,在他的管理下,孙建伟工作除了劲头足外还非常轻松。

到现在,孙建伟在这家公司工作已经 5 年了,从来没想过要换工作,而且这 5 年期间,孙建伟的同事中也几乎没有人跳槽!

管理者进行管理的目的是为了使他的下属能够准确、高效地完成工作。轻松的工作气氛有助于达到这种效果,幽默可以使工作气氛变得轻松。如果与之相反,管理者总是用一种比较严肃、命令的口吻跟下属沟通,任何一个人都不愿意时时刻刻被他人管治,而且,长时间在紧张、压抑的环境下工作,任何人也都是受不了的,最后跳槽走人也就在所难免了。

所以，想要留住员工的人，首先就要留住员工的心，就要学会处处幽默，别人在你那里工作愉快了，自然就不会想着离你而去了。

心理学家爱丽斯·伊森曾经说过："心情愉快时，人的创造力更强。因此，不应该忽略为员工创造幽默、愉快的工作环境。"因此，一个管理者应懂得用幽默拴住下属的心，使下属在欢快中更好地为公司效力。

沃尔玛公司内部有一种独特的文化氛围，一种美国人努力工作、友善待人的精神，它体现了一种团队精神，人们称之为"幽默"文化。业内专家认为，沃尔玛的这种文化氛围是员工们努力工作的动力之源，沃尔玛人一面辛勤工作，同时在工作之余自娱自乐。这也成为了沃尔玛之所以能够成功的最独特的秘密武器。

山姆是沃尔玛的董事长，他是一个很喜欢在工作之余寻求乐趣的人。著名的"沃尔玛式欢呼"就是山姆的一大杰作。山姆在1977年赴日本、韩国参观旅行的时候，对韩国一家看上去又脏又乱的工厂颇感兴趣，因为工人们每天群呼口号。他回沃尔玛后马上试行，这就是后来被著称的"沃尔玛式欢呼"。在每周六早上7：30公司工作会议开始前，山姆总会亲自带领参会的几百位高级主管、商店经理们一起欢呼口号，后来还带领大家做阿肯色大学的啦啦操。另外，在每年的股东大会、新店开幕式或其他一些活动中，沃尔玛也经常集体欢呼口号。"沃尔玛式欢呼"不但在本国盛行，并且还出口到其他国家。特别令人不可思议的是，素以严谨著称的德国雇员也同样练习"沃尔玛式欢呼"，而且他们表现出的热情甚至比美国本土的员工还高。山姆和他的高级主管都认为，只要是能令大家开心的事，他们都会非常高兴地去做。这也是一种工作中的幽默。

20世纪80年代初，山姆与当时的高级主管格拉斯打赌说当年的税前净利润不会超过营业额的8%，但最后超过了。山姆输了，所以他穿着奇异服装在华尔街上跳呼拉舞，并被记者刊登在报纸上，还特意注明他是沃尔玛公司的董事长。1987年，公司副董事长查理·塞尔夫在一次周六例会上打赌说该年12月份的营业额会超过13亿美元，结果输了，于是他不得不穿着粉红色裤子，戴着金色假发，骑着白马，在本顿威尔闹市区招摇过市。还有一次，山姆俱乐部的员工告诉当时的总裁格拉斯，说是要送他一件猪皮大衣，结果在销售竞赛的足球赛后，这位员工送了格拉斯一只活猪，意为连皮带肉一起送给他。

像这样的事情在沃尔玛是非常常见的，山姆认为让高级主管遭受愚弄，这也是公司文化的一部分，它使公司上下级更加贴近，沟通变得更加容易。

轻松愉快的工作环境缓解了员工们的工作压力，增加了员工的工作兴趣，提高了员工的工作效率，这些都是沃尔玛的经营哲学。即便是一些性质较严肃的会议，沃尔玛也是时常在轻松中度过的。

在沃尔玛，星期六早上照例要开晨会，但内容不会都是严肃的话题，有时还会邀请一些店外人员做特别来宾，这里有鼎鼎大名的商业巨子，如通用电气公司总裁，也有与公司有业务关系的乡下小企业的老板，有时还可能是NBA的体育明星，或俄克拉荷马的乡村歌手。有位喜剧明星被邀请过好几次，每次都会把参会的经理们逗得前仰后合。甚至一年一度的股东大会，公司也时常会邀请一些演艺人员如歌手等出席助兴。

田纳西州大学心理学教授诃沃德·约利欧非常赞同幽默能提高生产效率这一观点。通过对幽默效应的研究，他发现幽默能减轻疲劳，振奋精神，使那些从事重复性劳动的人在轻松愉快的气氛中工作时，可以更好地完成任务。作为一个管理者，应懂得用幽默拴住下属的心，这样你的工作将会更轻松。

可见，幽默作为管理者的一种优美、健康的品质，恰如其分地运用会激励员工，使员工们在欢快的氛围中度过与你相处的每一天。试问，有这样的管理，下属怎么会跳槽呢？

6. 为批评包上一层欢乐

心理学家曾做过一项研究，在指出员工的错误，并使之改正方面，管理者是否有幽默感，是否能在纠正错误的过程中让下属发笑，比起严厉的批评、苛刻的惩罚更为有效。作为管理者，如果习惯用严厉的言辞去与下属交流，或者总是用尖刻的批评去对待下属工作上的失误，就很有可能会让下属产生抵触心理，失去对上司的信任，甚至还会让下属对自己的工作能力失去信心，产生挫败感，从而影响正常水平的发挥。

批评的语言永远不受欢迎，作为管理者，如果能在下属犯了错的时候，用幽默的言语来代替批评，那么，就能起到很好的激励作用。

比如，批评不注重仪表的员工，可以借鉴这位经理的方式：

第八章·在管理中施展你的幽默范儿，增强管理者的个人魅力

一个年轻人上班时总是邋里邋遢的，有一天，经理把他叫去，说："我不知道您的婚姻状况。但是，我对您只有一个建议：如果您是单身汉，就请您结婚；如果已经结婚，那就请您离婚。"

批评旷工的员工，则可以学习这位经理：

经理问他的年轻女秘书："你相信一个人死后会复活吗？"

"当然不相信。"

"嘿，这就奇怪了。"经理笑着说，"昨天上午你请假去参加你外祖母的葬礼，中午时分，她却顺道来公司看望她的外孙女来了。"

可以采用下面的方式拒绝要求加薪的员工：

"我能不能请求您，经理，"年轻人腼腆地对自己的上司说，"研究一下给我增加工资的问题呢？我不久前结婚了……"

"非常抱歉，我的孩子，"经理回答说，"但是，我们机关不能承担业余时间所发生的不幸事件。"

一直以来，下属犯了错误，首先想到的就是管理者狰狞的面目和严厉的惩罚手段，虽然心中忌惮不已，但还是会在错误面前存在侥幸心理。既然板着脸的管理不能通过批评来杜绝员工犯错误，那何不提倡快乐管理？相信用玩笑把批评包装起来，其对员工的"打击"力度，绝对不会亚于大动肝火的批评！

某单位几名青年经常通宵达旦地搓麻将。一天深夜，当他们玩儿兴正酣时，单位一个领导径直闯了进来，顿时把他们惊呆了，在场的"看客"也都以为这位领导会大发雷霆。谁知他却微笑着说："都几点了，还在'筑长城'啊，既然这样热爱'长城'，今后有机会便组织你们上北京八达岭长城去游个够。"

短短的几句话，乍一听，好像是褒扬，实际上提出了批评意见，

很富于幽默色彩。他的话一说完,那几个青年便收起了麻将。从此,单位里再也听不到搓麻将声了。

苏霍姆林斯基说过:"生硬的话语、粗暴的行为、强制的办法,这一切蹂躏人的心灵,使人对周围的世界和自己都采取漠然的态度。"所以,针对下属的缺点和错误,上司决不能动辄在下属面前大发雷霆,而应讲究批评的方法和艺术,善于借下属的错误临场发挥,重话轻说,却又一语中的,让下属在笑的同时,深思其内在的含义,领悟其中的道理,在诙谐、愉悦中接受批评,改正缺点。

作为高高在上的管理者,对待下属的错误不一定非要板着面孔严惩不贷,或者直接将下属驱逐出境,如果能在指责下属的时候,用幽默代替责罚,为批评包上一层欢乐,相信更能达到让员工改正错误的目的。

7. 用幽默去激励你的下属

幽默作为一种激励艺术,在日常的工作中有着重要的作用。在富有幽默艺术的管理者周围,很容易聚集一批为公司"效命"的忠实员工。

曾担任过美国总统的约翰·卡尔文·柯立芝有一位女秘书,人长得十分漂亮,但就是有些马虎,做起事来总是粗心大意,以至于在工作上总有这样那样的小失误。对此,柯立芝有意提醒她一下。

这天早晨,当女秘书装扮靓丽地走进办公室时,柯立芝称赞道:

第八章·在管理中施展你的幽默范儿，增强管理者的个人魅力

"你今天的打扮真的很有魅力，正适合像你这样年轻貌美的女孩。"

女秘书听后受宠若惊，连忙说："谢谢总统的夸奖。"

"但是你也不要因此而骄傲，"柯立芝微笑着继续说道，"我相信你处理公文的能力也会和你一样美丽迷人的。"

总统这番充满风趣的鼓励，使女秘书工作越来越带劲了，她克服了以前粗心大意的毛病，把工作做得很出色。

本来是批评式的提醒，柯立芝却通过幽默的方式将它美化成了一种赞扬，从而激励起了女秘书的动力。不仅使问题轻松解决，而且让自己在下属眼中显得更有魅力，实在是一举多得。

在任何工作场所，你都能看到这样的场景：团队成员往往把企业看作维系他们存在的纽带，一旦生意变差，许多公司都会缩小规模，裁减雇员，更改经营策略。这样日复一日，人心惶惶，工作十分被动，难免不出问题。

如何让个人和集体在这样一种形势下，保持高度的工作热情并继续沿着自己的既定目标前进？在这样的情况下，他们很有可能选择消极、怀疑或干脆拒绝安排。这时，让他们每个人保持乐观与信心异常重要。因此，如何让雇员保持高度的精神状态，帮助他们恢复信心便成为当务之急。你作为管理者，就应明白，鼓励他们驾驭自己的命运比什么都重要，而不是为一时的形势左右。

有一次球赛，罗克尼执教的诺特丹足球队在上半场输给威斯康星队7分。可是他在休息室中一直与队员们开玩笑，直到要上场进行下半场比赛时，他才大喊："听着！"队员们惊惶失措地望着他，以为他要把每一个人都骂一通。但是罗克尼接下去说："好吧！小伙子们，走吧。"

没有责备,没有放马后炮,也没有指手画脚强调下半场如何踢球。罗克尼的乐观豁达,使队员们克服了心理上的障碍,帮助他们忘掉了艰难的处境。结果他的球队在下半场创造了奇迹,踢出了一连串漂亮的、近乎教科书般的球。后来罗克尼对采访他的人说:"不是我赢了,而是我的趣味思考法赢了,我知道我们精神上赢了,那么球也赢了。"

幽默是一种强大的号召力,幽默的管理者只要一张嘴,就能把下属"哄"得高高兴兴地去工作。在职场中,一个具有幽默感的上司,能够运用自身的幽默让员工在哈哈大笑中始终保持对工作的认真和热情,克服掉消极的情绪,激励整个团队不断地向更加高远的目标进发。

8. 做平易近人的上级

各行业人士都对幽默的作用给予很高的评价,工商业界高阶层的领导人更是借助幽默来改变他们在职员们心目中的形象,改善大家对整个公司的看法。每一阶层的领导人和经理人在建立与下级的良好关系上,也都转而向幽默求助。他们都希望下属把他们看成有亲和力的上级。下面是一个下属对他的老板的看法:

"我的老板,是一个报纸发行人,他是世界上最富有幽默感的人之一。"杰米说,"他经常用一些幽默风趣的语言给我们讲一些笑话。以此来拉近与我们的距离,活跃办公室的气氛,我们大家都非常喜欢他。为了收集更多的笑料，他在办公室里设了一个建议箱，很多笑话他都是从这个建议箱里得到了灵感。他太喜欢自己的笑话了，常常花很多时间去编撰。

"他常常去开这个箱子，然后滔滔不绝地说：'这个建议箱真不错，是用上好的松木做的。你可以从洞里看出是多节的松木，你可以看到洞里风光。但是底部没有洞，你看不到地板风光。'"

从中我们可以看出杰米的老板是多么渴望在下属心中树立起他幽默、容易亲近的形象。其实，不管这位老板的做法能不能取得大的成效，只要他心中有一种和员工亲近、交流的想法，相信他一定能与员工达到良好的沟通，建立一种和谐的关系。同上面那位老板相比，下面这个故事中主管的做法更为高明。

艾科是某大公司中一个部门的主管。身为经理，他心里的问题是："我这部门里的人真正喜欢我吗？"幸而艾科有幽默感，并把他的幽默感运用到与员工融洽感情上。我们来看看发生在圣诞节期间的一件小事：

艾科去开一项业务会议回来，发现他属下的职员们聚在办公桌旁，哼唱着韩德尔的神曲《弥赛亚》中的一段——哈利路亚大合唱。由于他的出现促使每个人匆忙奔回工作岗位。

但是艾科没有皱眉头表示不悦，也没有大声责骂，只是说："刚刚好像听到弥赛亚来了。大家怎么不请他等我一下？"

艾科通过幽默的方式让职员感受到他是容易亲近的。

专栏作家那葛伯，曾经访问了很多家大公司的主管人员，而后整理出几位高级经理人的做法，发现愈来愈多高阶层的领导人，希望他们在同事和大家眼中的形象更人性化一些。这些领导人鼓励大家一同笑。不过有的时候，老板的讲话方式不妥也会使部下很不愉快。这就是造成彼此对立的一个原因。因此，老板不应当仅仅看到部下的工作情况和成绩，还应当了解他们内心的烦恼。老板讲话时要极为慎重，注意不要伤害部下的感情。

第九章

用幽默制造愉快：
让爱情甜蜜，家庭和谐幸福

幽默是一种艺术，是一种说话技巧，更是一种乐观的生活态度，因为幽默能给我们平淡的生活增加乐趣，增加色彩。在婚恋中，幽默的人更容易引发好感，赢得人心，更容易营造出和谐的家庭氛围。所以，要想为你的婚恋增加一点情趣，就多运用幽默的艺术吧。当然，要巧用幽默为家庭制造快乐与和谐，就要对幽默规律性的东西进行总结，总结好后加以运用，这样你也能成为幽默大师，赢得家人的青睐。

1. 恰如其分的幽默求爱最能打动人

"你是嫁给我呢？还是嫁给我呢？还是嫁给我呢？我决不强求！"相信很多人都听过这样一句求爱的话，这样幽默诙谐的话以认真严肃的语调说出来，怕是女孩子在听到后，不管是否愿意，都会先笑出声来。而面对这样一个风趣的男人，鲜少有人会不动心吧！可见，生活处处都幽默，在求爱的时候以幽默的方式宣告自己的誓言，一定会达到事半功倍的效果。

有位先生多次向心上人求爱，可对方总是不予明确答复。正巧有一次这位小姐问他："'千金一诺'怎么解释？"他赶忙借此机会说道："'千金'就是小姐；'一诺'就是答应。'千金一诺'的意思就是：小姐啊，你就答应一次吧。"

这是一段很有创意的幽默情话，它完成了一次质的沟通，相信没有几个女人可以抵挡得了这样的睿智吧！可见，富有幽默感的人总是更容易赢得对方的心。爱情的开始总是最美好的，不仅甜蜜而且新鲜，所有置身于恋情之中的人，无不希望可以长久地保持爱情的新鲜。要想做到这一点，不仅需要双方稳定的感情来维系，更少不了幽默情趣的调节。不用怀疑，想要爱情比蜜甜，小小的幽默是必不可少的。

男女关系里，有不少微妙的心理因素支配着每一个细微的行动，如果你有技巧地掌握和运用这些因素，你就将所向无敌，胜券在握。

而我们必须清楚的是，没有几个人会拒绝幽默的言辞所带来的快乐，所以，以幽默来展示你的魅力，绝对是对异性的一种无形而又致命的魅惑。

马克思是怎样向燕妮求爱的？马克思与燕妮在未明确关系前，早已相知很久，但一直没有表白心迹。一天黄昏，他俩又相约于摩泽河畔的草坪上。马克思决心这次要向燕妮正式求爱。他对身边的她说："燕妮，我想告诉你，我爱上了一个人，准备向她求婚，但是不知她是否同意？"

燕妮知道这个"她"就是自己，但是仍然很激动地说："是吗？那是谁？"

马克思说："我这里有一张她的画像，你想看看吗？"燕妮点点头。于是马克思拿出一只精制的小木匣递过去。燕妮接过来，双手颤抖地打开。里面并没有画像，只有一面镜子，镜子里正好映出燕妮羞红的脸庞。

两人之间爱情的朦胧面纱就这样巧妙地揭开了，燕妮幸福而欣然地接受了马克思的求爱。

这样一个风趣幽默的人，无疑是充满了魅力的，与他在一起生活，会让身边的人都感到快乐，那么，他怎能不备受异性的青睐呢？幽默的语言形式，不仅能够将自己的心意巧妙地传达给对方，还能在传达爱情的同时展示出自己的智慧，让自己变成一个在对方眼中充满魅力的人，这可是一举两得的好事。

爱情中的幽默是一种机智，是一种智慧，它可以让恋爱中的人多一份快乐，而这份快乐也是让人们之所以全力追求和向往爱情的原因所在。如果你具备了这样的能力，自然也就能轻松地俘获对方的心。

在一个小山村里，有位小伙子爱上了一个姑娘。

一天，小伙子以借书为由来到了姑娘家中，姑娘正在家烤玉米和土豆，小伙子走到火炉旁，突然故作惊讶地说："你家的火炉跟我家的火炉长得一模一样。"

姑娘被逗笑了："你真逗，都是火炉，能有多大的区别呢？"说着从火炉里取出了烤好的玉米，请小伙子吃。

小伙子深深地用鼻子吸了一口气，赞叹道："好香啊！"

姑娘说："吃吧！有好多呢？香就多吃点！"

小伙子问："那你觉得你用我家那个一样的炉子也能烤出同样香甜的玉米吗？"

姑娘听出了小伙子的意思，面带红晕地答道："我想我可以去试试。"

给恋人留下好感的方式有很多种，而幽默则是最奏效，也最具有诱惑的一种。正在追求恋爱或者已经沉浸在爱中的男孩女孩们，与其整天费尽心机地装饰自己，以讨得对方的欢心，不如在爱情中运用一点幽默的技巧吧，能够让对方笑口常开才是你最大的魅力所在，而且这种魅力不会随着岁月的变迁而贬值，它将成为跟随你一生的财富。

2. 助燃爱情之火的幽默情趣

生活中常听到有人抱怨自己的另一半毫无情趣可言，一点情调都不懂，生活真是太乏味了，干脆分手算了。这里所说的情调就是轻松幽默的氛围。这一点，对于所有情侣来说都是非常重要的。

恋人之间是产生和培植幽默的最为广阔的沃土，只要你是一个有心人，你就可以收集到丰富的幽默素材，从而成为营造浪漫情调的高手，用幽默助燃爱情之火。希望婚姻生活幸福美满，这对于每一个做男友或女友的人来说都是一种美好而且不算过分的要求。

无论什么情况下，一对善于以幽默来润饰生活的情侣或夫妇，他们获得的幸福比任何人都多。因为有了幽默，即使是做家务，也能让人感觉到幸福。

女人："亲爱的，你能把自己昨天脱下来的衬衫洗一下吗？"

男人："不，我还没睡醒呢！"

女人："其实我只是考验你一下，那些衬衫我都已经洗好了。"

男人："我也只是和你开玩笑，其实我很愿意帮你分担家务的。"

女人："我也是在和你开玩笑，既然你愿意，那就请你快去干吧！"

男人此时不得不佩服和欣赏女人的幽默和情趣，高兴地去干自己不愿干的家务了。

浪漫的确可以给平淡的生活增添乐趣和笑声，从而激发和唤醒夫妻双方的爱情。但这样的浪漫，也许并不是每个人都能信手拈来的，有时候幽默的力量如果使用得当，它更能使爱人的心情充满愉快，有助于情感的升华。

年轻的俄国生理学家巴甫洛夫一直致力于科学研究而对未婚妻西玛多有疏忽，为此西玛总是闷闷不乐。得知西玛的心病后，巴甫洛夫终于下定决心走出实验室，与未婚妻西玛约会。

他们很长时间没有见面了，这次难得相见，总要说一番缠绵的情话。可是相会没多久，巴甫洛夫就对未婚妻说："快把你的手给我！"西玛以为他要吻自己的手，高兴地伸了过去。

没想到巴甫洛夫只是抓住未婚妻的手，用手指压着她的脉搏，过了好一阵，他才说："没有不正常的跳动，放心吧，你的心脏的确很好。"

情侣之间最和谐的相处方式就是幽默了，如果你也想让你们的爱情时刻处在保鲜期，不妨学习巴甫洛夫的幽默吧，这会给你们的爱情增添无数惊喜和甜蜜。

幽默，这个具有神奇推动力的东西，它像大马力的发动机一样，推动爱情之舟一路向前；它又像助推火箭一样，推动爱情之星遨游直上。但在日常生活琐事的冲突中，要想使自己的爱情始终得到呵护，仅凭主观想象和愿望是不够的，还要懂得一样东西——在幽默中发展爱，让幽默为爱注入活力。幽默给美好的爱情生活带来的是热情洋溢，还有和谐美满。所以，相爱中的人们，千万不要忽略了幽默在爱情中的神奇作用。

3. 幽默地拒绝他人求爱，巧妙地化解尴尬

每个人都有自己理想中的伴侣，如果追求者是你不喜欢的类型，千万不要直接拒绝，更不能中伤他人，因为每个人都有爱与被爱的权利，如果你能够委婉幽默地回绝他人，不仅可以保全他人的面子，同时也能显出你善解人意的良好修养。如果你恶言恶语直接拒绝，最后只能自食苦果。

玲玲是学校公认的校花，追求者如云。一天，她收到了一封情书，是她们班一个很平凡的男生写的，那个男生是来自农村的，说喜欢她很久了。玲玲想也没想，说了句"癞蛤蟆想吃天鹅肉！"一气之下，竟然将情书贴到了班级公布栏上，男生顿时觉得无地自容，其他的追求者也被她的这种做法吓跑了。第二年，那个男生找到了称心如意的另一半，而玲玲还是孤身一人。

面对条件与自己相差很远的追求者，千万不能采取这种过激的拒绝方式。每个人都有选择的权利，如果一个人是真诚地喜欢你，那么即使你不喜欢对方，也应该选择真诚的方式向对方说明。被拒绝的人都是脆弱沮丧的，所以我们可以采取幽默轻松的方式，尽量减少对方的痛苦。

很多文人墨客都大受异性的欢迎，美国作家杰克·伦敦就曾经因为被异性围攻而郁闷不已。有一次他去参加一个讲座，其间收到了一位贵族小姐的求爱信，大概内容是："亲爱的杰克·伦敦，用你

的美名加上我的高贵地位,再乘上万能的黄金,足以使我们建立起一个天堂所不能比拟的美满家庭。"

杰克·伦敦在回信中说道:"你列出的那道爱情公式,我看开平方才有意义,而我们两个的心就是它们的平方根,可是很遗憾,这个平方根开出来的却是负数。"

这种幽默含蓄的拒绝方式一般情况下都很有效。当对方采用幽默的方式来求爱的时候,被追求的一方如果果断拒绝会显得很没有风度,同时也会伤害别人的自尊心。假如能配合幽默的比喻和风趣的语言,效果就会大不一样。因为这样既能够达到自己拒绝的目的,同时也能够为求爱者保留颜面。

这天下班,办公室年轻的许医师对小舒说:"小舒,一同去吃饭好吗?我有一件很重要的事想跟你说。"

小舒立刻就明白了"重要事"的含义。于是她笑着说:"好哇!我也正好有事情要请你帮忙呢。"

许医师一听高兴极了,放松了心情说:"行,只要是帮你的忙,我一定两肋插刀。"

小舒又笑了:"可没那么严重。只不过是男朋友脸上生了几个青春痘,我想问你怎么治疗效果比较好?"

运用这样幽默含蓄的拒绝方法,通常情况下都很有效。

拒绝别人是一种艺术,幽默地拒绝别人,既不会让人难堪,也可以顺利表述自己的意思。每个人都应该学会一些幽默的巧言辞令来应对自己的追求者。

4. 幽默地吃醋，让你更可爱

唐太宗李世民执政时期，一次太宗要为宰相房玄龄赐一美妾，房妻坚决不同意。太宗大怒，赐房妻毒酒一杯，要房妻选择：要么同意房玄龄纳妾，要么喝毒酒而死。房妻毫不犹豫地接过毒酒一饮而尽，过了一会儿却发现没有任何反应，原来太宗赐的乃是一壶陈醋。

爱情是自私的，不允许他人分享。作为恋人，彼此都希望爱人在感情上专注于自己。但是难免会与其他异性打交道，吃对方的醋也是人之常情，但是吃醋也要有个度，否则达到了敏感、猜疑、神经质的地步，就会影响两人之间的感情了。不过，在感情的世界里，适量地放一点醋，是一种情感的需要，这也说明两个人之间的感情浓厚。

一对夫妇能白头偕老并非他们可以超越喜新厌旧的规律，而在于不断调整充实自我。所以说，夫妻之间应该互相信任，如果互相猜疑，醋意十足，就可能引发吵闹。而巧用幽默吃醋，则会使醋意变得温和、恬淡而富有情趣。对于爱吃醋的一方，被吃醋一方则可以借用幽默避其锋芒，转弯抹角地将对方的醋意轻轻弹压一下，而又不刺伤对方，同时也可以消解对方的妒意，维护家庭的安定团结。

有一个人酷爱读书，即使是在热恋中也手不释卷，甚至在陪女友聊天时手里也捧着一本书，女友钦佩他的勤奋却不满于他对自己的不专心和冷落，于是，灵机一动地说道："但愿我也能变成一本书。"

男子不解地问："为什么啊？"

"那样每天就可以让你捧在手上了啊！"女友嘟着嘴答道。

男子品出了女友心中的醋意，于是也灵机一动说道："那可不行，要知道，我阅读速度挺快的，不几天就要换一本新的。你最好就是现在的你，让我看一眼，便永远地珍藏在心里，谁也赶不走，然后，我一面看书，一面在心里和你说话。这样岂不是更好？"

男子的一席幽默话语让女友品味出浓浓的爱意，这胜过任何装腔作势的话语。懂得这样化解对方醋意和不满的人，往往不至于招致另一半大发雷霆或者甩手离去，反而会为此得到更多的爱。

一对情侣一起去参观美术展览。他们来到一幅女性裸体画像前面，男孩迟迟不肯走开，原来这幅画像仅以几片叶子遮羞，其余部位毫无遮掩。看到男友全神贯注的模样，他的女友有些生气了，说道："喂，你是想站到秋天，等到树叶落了才甘心吗？"

也许这位男子仅仅只是好奇，也许是想入非非，总之他的行为已经惹恼了他旁边的女友，并且已经有些醋意了。于是这位女友很会克制自己的情绪，没有揭穿男友的行为，如果那样做了，他的自尊心肯定受不了，也许会恼羞成怒。于是她采用打趣的方式，一方面提醒了男友，一方面也微妙地传达了自己的妒意，这一招不可谓不高明。

含糖量极高的语言，是恋爱中的男女都无法抵抗的。只要你能把夸赞的话语巧妙地融合到幽默中去，所有问题都会显得简单而轻松。所以，不妨在打消对方醋意的时候喂对方一块幽默的糖吧！让丝丝甜意将所有的不满都化解掉。从爱情步入婚姻，生活变得平淡起来，适当地放些醋，调剂一下，也蛮有情趣的，但不可太盛，醋意太盛则会使感情变味。而如何巧妙地添加醋意，是一门需要好好修炼的艺术。

5. 适当幽上一默，在笑声中消气

一位女孩对男友说："我一见你就来气。"男友却慢条斯理地回答："好啊，我练了一年气功还没气感，原来是你把我身上的气都吸到你身上去了。"这位男友巧妙地将生气的"气"偷换成气功的"气"，逗女友一乐，她的"气"也就在笑声中消了。

幽默是婚姻生活的助燃剂，它使爱情之火燃烧得更旺。幽默是调解夫妻生活的良药，如能用幽默来代替粗鲁无礼的语言，解决日常生活中的分歧，那么，你的婚姻生活就会永远处于最佳状态。

在恋爱过程中，有的情侣总是懂得怎样去保护自己的幸福，小心翼翼地呵护爱情。他们以幽默来代替粗鲁无礼的语言，解决日常生活中的分歧。虽然他们也相互挑剔，也会产生纷争，但是经过由幽默产生的情感滋润之后，一切纷争都显得微不足道了。有时候，男女在相处时发生了争执，适当地进行自嘲，将缺点当成一个无伤大雅的笑话来讲，那么就赢得了爱情的主动权，占尽了先机。

在爱情里没有谁输谁赢，而真正的智者就是肯用幽默的方式向爱人低头示弱的那一个，他们的自我牺牲、自我解嘲能够换回爱人的欢笑与快乐，他们就是世界上最幸福的人。

刘珏是一家公司的销售总监，平日里性情豁达、温和、幽默，但偶尔也会发点小脾气。一次，他对朋友说道："我在很久以前就学到了这么一个秘诀：当你发怒时，如果克制不住自己，不得不扔掉一些东西来出气的话，那么应注意把它扔在你的眼前，可别扔得太远。这样，捡起来就省力多了。"他说这个方法是多次和女友吵架之后，自己总结出来的。

有一次，他们又因为一点小事吵得不可开交，结果一气之下的女友将刘珏最心爱的剃须刀扔到了花园里，刘珏找了很久也没有找到，于是第二天他胡子拉碴地去上班了。同事们都在私底下偷笑，因为刘珏平时是非常注意这些的。

回到住处，女友看到他一脸的邋遢相，再加上刘珏的满脸委屈，女友哈哈一笑说："下次扔东西就扔到门口好了。"其实女友不知道的是，刘珏早就找到了剃须刀，只是想借自己狼狈的胡茬逗女友开心，不然怎么能这么轻易地结束冷战呢？

幽默是化解矛盾、缓和气氛的良药。但是在现实生活中，很多恋爱中的男女几乎将幽默拒之门外了。两个人在吵架生气之后，化解矛盾的方式，只是单一地用说好话、赔礼道歉或生闷气、找人说和、要么让时光慢慢冲淡。这样古老而又落后的方法应该改变一下了，事实上，幽默不仅是爱情生活的润滑剂，还能消解情侣间的小矛盾。

恋人之间难免磕磕碰碰，重要的是要找对解决矛盾的方法，而幽默就是最好的方式。因为轻松的话语总是能让人放松戒备，敞开心怀接受对方的道歉，只要达到了开怀一笑的目的，再大的"气"自然也会随风飘散。

6. 妙用幽默来调和你的爱情生活

有人说：幽默是生活波涛中的救生圈。幽默可以润滑人际关系，消除紧张，减轻人生压力，使生活更有乐趣；幽默可以把我们从个人小天地里拉出来，使我们一见如故，寻得益友；幽默能帮助我们摆脱窘迫和困境，增强信心，在人生的道路上迎难而上……除此之外，幽默还能帮有情人找到美好的爱情。

王小澜与男朋友约会，总是会因为各种原因迟到，但她又总是有办法平息男朋友的怒气。第一次，她自我责备地说："我迟到，我有罪，我罪该万死！"第二次她转守为攻地说："我没有迟到，一定是你把表拨快了！"第三次她还是有理由："我的表是北京金秋时间，比夏令时晚半小时呀！"每次都逗得男朋友哈哈大笑，于是对她的迟到也就一笑了之。

王小澜的幽默使她很好地解释了迟到的原因，也取得了男友的谅解，说不定，他们的爱情还会因此平添几分情趣，这些可都是幽默的功劳啊！

夫妻之间，永远不要忘记恋爱时的欢乐时光。也不要为家务和孩子与爱人争吵，更不要为生活中不断遇到令人心痛、心烦的事而责怪爱人，牢骚和怨言毫无用处，只会把爱情引上绝路，让幽默的力量帮助我们同甘共苦，以共同的力量来承担生活的负担，享受生活的乐趣！

爱国将军冯玉祥征婚的消息一经传出，闻风而动的姑娘不计其数，冯玉祥将军每见一位，都要问同样一个问题："你为什么和我结婚？"许多年轻貌美的姑娘说："你是大官，嫁给你后可以做官太太。"另一些如花似玉的女孩说："你的钱多，结了婚好享福。"听过这些，冯玉祥将军失望了。

这天，终于来了一位非同凡响的姑娘。冯玉祥将军问："你喜欢我什么？"姑娘回答："什么也不喜欢。"这让冯玉祥将军很奇怪："那你为什么到我这里来？"那位姑娘风趣地说："老天怕你在人间做坏事，特意让我来管管你。"听到这样幽默的回答，冯玉祥将军"哈哈"大笑，同时也喜欢上了这位豪爽、机智的姑娘，最终与之喜结良缘。

情侣之间，或多或少，总少不了矛盾和摩擦。如果人人都怀着胜负分明、决一雌雄的人生态度，爱情的前途必然凶多吉少。而以幽默作为爱情生活的润滑剂加以调和，就会收到两全其美的效果。

在爱情生活中，情侣双方都应该竖起耳朵，注意倾听他人的幽默。同时广泛集纳，并根据实际情况作适当修饰，再投入到各自的实践之中去。相信有幽默相伴的爱情之路，一定可以避免很多矛盾，让美好的爱情永葆魅力。

7. 用幽默来化解矛盾和修复裂痕

所有置身于美好恋情之中的人，无不希望可以长久地保持爱情的甜蜜。要想做到这一点，不仅需要双方稳定的感情来维系，更少不了幽默情趣的调节。可以说，夫妻间的幽默就是爱情的守护神。

事例一：

丈夫装了个卫星天线，以便观看 24 小时不间断播出的体育节目。

一天晚上，妻子再也忍不住了，对丈夫说："你每天都坐在电视机前不挪地方，看来你爱足球胜过爱我！"

"哦，也许是吧，"丈夫沉默了一会儿说，"但是，说真心话，我爱你还是胜过爱棒球的。"

事例二：

几个未婚少女，围着一个已婚的少妇询问道："婚前婚后他对你的感情究竟有何不同？"少妇笑了笑回答："就像他的工作一样。"

"那他的工作又如何呢？"其中一个继续问道。

"我与他恋爱的时候，他在一家热处理公司工作；我同他结婚时他在一家制造保温桶的工厂工作；当我生下孩子时，他就转到一个冷藏仓库去任职了。"少妇答道。

当你觉得爱情在一成不变的生活中，变得日益平静的时候，不妨用幽默来打破这种死气沉沉的平静。

一对夫妻就谁带狗出去遛弯的问题产生了意见分歧。丈夫说："你出去散步时，可别带那只怪模怪样的花狗一起去啊。"妻子不解："为什么？我觉得那条花狗很可爱啊。"

丈夫："你如果要带它去，就说明你是想以它作为对比，好显示出自己有多么漂亮！"

妻子呵呵一笑："我如果真想那样，还不如带你出去更好呢！"一句话说得丈夫哈哈大笑。

夫妻之间，难免会有相互挑剔、产生纷争的时候，但是经过由幽默产生的情感滋润后，一切纷争都显得微不足道了，诙谐调侃、彼此挖苦之后的爱情生活反而显得更加有活力。

有对结婚很多年的夫妻，彼此性格很接近，在结婚后的日常生活中他们经常吵架。两个人都感到忍无可忍了，在又一次争吵时妻子终于爆发了："上帝啊，这哪像个家！我再也不能在这样的家里待下去了！"说完，她就收拾好自己的衣物，拎起皮箱夺门冲了出去。

妻子刚出门，丈夫也拎上自己的皮箱，赶上妻子，并叫嚷着："天哪，这样的家有谁能待下去呢！等等我，咱们一起走！"说完，丈夫把妻子手中的皮箱接了过来。一场婚姻风波烟消云散。

夫妻双方以幽默去保护自己的家庭就是在维系爱情。在没有根本性的、重大的分歧的前提之下，面对夫妻之间的家务琐事，不妨轻松一点，让幽默使家庭生活始终处于最佳状态不是很好吗？

无论是爱情还是婚姻，都需要有温柔的感触和幽默的调剂，来不断激荡起初恋般的热情和活力。这种热情和活力可以表现出爱情的灵巧、有趣，更能使爱情富有朝气。

8. 幽默地与孩子互动，让孩子成为家庭的开心果

家庭成员中，幽默是必不可少的交流方式，而孩子则是运用幽默的最重要环节。家长应该与孩子多一些幽默的互动，让小孩子成为全家人的开心果，这样不仅能够培养孩子的幽默感，更重要的是能增进孩子和家长之间的感情。

在日常生活里，如果孩子有足够的幽默感，大人还可引导他们编幽默故事，甚至添加一个令人捧腹的结局。

有一位父亲自己没有什么学问，但是却望子成龙心切。总希望儿子能成为画家，于是他要儿子学习画画，可儿子另有志向。时间长了，父子间总有磕碰。

终于有一天，苦不堪言的儿子拿着一张白纸交给父亲，说已经画好了。父亲不解地问："你的画呢？"

"爸，在这张纸里，你可以看到一匹马，它正在吃草。"

"草在哪儿？"

"给马吃光了。"

"那马呢？"

"草吃光后，它就走了。"

父亲笑了，从此不再逼着儿子画画。

试想，这位儿子如果把对父亲的不满强忍在心里，久而久之，会积累成怨恨，父子关系肯定崩溃；而如果儿子采取过于激烈的反

抗，也会导致父子不合。这种幽默的暗示，不仅解决了儿子与父亲的难题，还让父子的感情变得更亲密了。

一个称职的家长要做的是，了解你的孩子，不要轻视孩子所做的那些能让你开怀大笑的"傻事"，应该鼓励孩子的幽默。对他们的幽默感做出肯定的表示。家长应注意倾听孩子回家后讲述的有关学校生活的小笑话，并发出会心的笑。

父亲对女儿说："你不是答应我不胡闹吗？我跟你讲好的，胡闹的话就要挨打。"

"是啊！"女儿表示同意，"我没有遵守自己的诺言，所以，如果你不遵守自己的诺言，我也不会怪你。"面对这样可爱的女儿，相信父亲无论如何都不会惩罚她的。

有一位父亲把存放自己和妻子当年结婚照片的相簿拿给小女儿看。

小女孩看着照片，先是颇感不解，继而突然眼睛一亮："我明白了！"她说，"就是这个时候你把妈咪带回家来，帮我们做家务的。"

一般的家庭其核心组成人员是夫妻俩，但其实，对于有孩子的家庭来说，孩子才是父母的心肝宝贝。孩子天真烂漫，童言无忌，需要家长加以正确地引导。

一个孩子从无知到能以幽默的方式与父母交流，是一个可喜的变化，这说明他们成长了。这时，幽默语言，就成了父母和子女之间一种新的共同语言。

孩子是爱情的结晶，是家庭中最具活力的成员，孩子有纯真的心灵，孩子本身就能给父母带来无尽的欢乐。我们应该让孩子成为家庭幽默的开心果，使孩子养成乐观开朗的性格和与人为善的品质。

9. 幽默地道歉，更能博得谅解

在家庭生活中，每个人都难免会出现过失，这时候最好的办法莫过于用幽默掩过饰非。用幽默弥补自己的过失不是逃避责任，而是幽默地求得家人谅解。

在家庭生活中，有人犯错误的时候，受到对方的指责是可以理解的，不能认为对方是在故意找碴。所以，夫妻之间的某些后果并不严重的小过失也是可以原谅的。一般在这种情况下，有过失的一方可以借助幽默博对方一笑，化解对方心中的不愉快，让对方原谅自己。

男人喝酒，常常会受到妻子的责骂，但如果是一位能巧妙地运用幽默的丈夫，相信这样的错误，也能很快地得到原谅。

一个丈夫在外面喝了很多酒，很晚才回到家。丈夫本想悄悄地溜进房间，但却忘记带钥匙了，于是只好硬着头皮敲门。

怒气冲冲的妻子不肯开门，讽刺地说道："对不起，我丈夫不在家。"

"那好，我明天再来。"丈夫说完，装出转身要走的样子。

妻子一听急了，打开门一下子就追上去把丈夫拉回了家。这个结果你或许也想到了，丈夫借助幽默的语言和行动，化被动为主动，巧妙地掩饰了自己的过失，得到了妻子的谅解。

家庭生活免不了磕磕绊绊，夫妻之间则更是如此。而夫妻生活也因有了变化起伏才不显平淡与死板。不论争吵的最初原因是什么，要想尽快地平息争执，关键是其中一方是否能巧用幽默，主动承认错误，使生活充满更多的欢笑。

有一对结婚多年的老夫老妻，从前常为一点小事就大吵一架，或者争得面红耳赤，各不相让。终于，丈夫决定改变这种局面。他发明了这样一个绝招：当双方争执不下的时候，他会从衣袋里摸出一张小卡片递给妻子。这些小卡片上，有的写着"笑一笑"，有的写着"对不起，我错了"，有的写着"别生气，原谅我吧"，有的写着"我爱你"，还有一张写着"不怕老婆非好汉"，就这样，每次吵架后丈夫都能逗得妻子展颜一笑。

夫妻之间还经常会出现这样一种情况：妻子的生日或结婚纪念日，丈夫却给忘了。这种特别的日子被丈夫忽略，妻子就真的会不高兴了。这时候，丈夫除了弥补过失之外，还必须明确地承认自己的错误。

一位丈夫在一个星期过后才想起妻子的生日，并且忘了向妻子祝贺生日，也没有准备礼物。于是，丈夫在送上一份迟来的礼物时说了一句："我问珠宝店的小姐说：'为了不让我的爱人生气，对上周的生日该送什么礼物好？'"结果他的妻子对他的"健忘"莞尔一笑，说："你老是忘了生日和结婚纪念日。但我知道你是难得买礼物的人，所以我不怪你了。"

这位丈夫之所以能赢得妻子的谅解，不仅仅是因为他自己的机智幽默，妻子的宽容大度也是不能缺少的一个重要原因。

虽然一辈子没红过脸的夫妻不见得就是好夫妻，但是，各不相让也难免"话赶话没好话"。在家里，做丈夫的会听到妻子各种各样的抱怨，而如果丈夫的语言巧妙幽默，那么大家会相安无事，否则，便会"内战"在即。

一般来说，有了孩子的年轻父母们，孩子是他们的乐趣，有时也是他们争吵的导火线。

有一次小王和5岁的儿子玩儿飞碟，儿子玩得太起劲了，以致跌了几跤，弄了一身土。回家妻子一见便骂他父子俩不讲卫生，刚穿的衣服就弄得这么脏。小王没有直言辩解，只是笑笑，说："是他自己搞成这样，与我无关，你看我的衣服不是挺干净吗？"妻子被小王孩子气的话逗乐了。

幽默可以在我们的家庭生活中，起到弥补自己的过失、求得家人原谅的作用。但幽默不是万能的，无论是男人还是女人，某些重大的甚至会危及夫妻关系的错误必须向对方实话实说，尽力赢得对方的宽容和谅解，不能因为幽默而冲淡了夫妻之间最重要的信任。